이스라엘의 소명을 위해 기도하라

이스라엘의 소명을 위해 기도하라

중동을 향한
하나님의 목적을 이루기 위한
효과적인 중보기도

짐 골 지음 · 권지영 옮김

Shekinah MEDIA

영적 리더들의 추천하는 말

"짐 골은 이스라엘과 유대인들을 향한 하나님의 마음과 언약이 전 세계를 향해 하나님이 갖고 계신 목적과 매우 중대하게 연결되어 있고 묶여 있음을 잘 이해하고 있다. 이 책은 매우 역동적인 책으로서 저자는 우리에게 영원을 바라보는 시각을 가지고 이스라엘이 매일같이 직면하고 있는 일시적인 상황에 대해 기도하라고 요청한다. 하나님의 시간에서 이스라엘은 핵심적인 부분이며 세계적으로 일어나는 일들 가운데 주목해야 할 중심이다. 저자는 우리가 '하나님의 눈동자'에 대해 파수꾼의 역할을 하라고 요청하고 있다."

로버트 스턴즈, 이글즈 윙의 창립자, 최고 디렉터
"예루살렘의 평화를 위해 기도하는 날(Day of Prayer for the Peace of Jerusalem)"의 창립자

"중보기도는 중보자가 그 시대를 이해하고 어떻게 해야 할지를 깨달았을 때 결과가 나타난다. 이것이 바로 이 책이 하고자 하는 일이다. 이 책은 신선하다! 이 책은 오늘에 대한 책이다. 이 책은 결정적이다. 이 책의 일들은 바로, 우리 눈앞에서 일어나고 있는 일들이다. 이 책은 준비된 마음에 호소한다."

빌 매카트니, 예루살렘으로 가는길(Road to Jerusalem)의 창립자 겸 회장

"복음전도사인 내가 처음으로 이스라엘을 방문했을 때 이스라엘을 가보는 일 자체가 이방인의 부흥을 위해 커다란 초자연적인 문을 열어 준다는 사실을 발견했다. 우리는 지금 이방인의 시대가 충만해지는 시대에 살고 있다. 이는 하나님께서 영적인 잣대를 유대인들의 눈으로부터 옮기고 계신다는 의미다. 이스라엘을 위해 기도하라는 짐 골의 가르침은 유대인과 아랍 국가의 커다란 부흥을 일으키는 시발점이 될 것이다. 역사적으로, 가장 커다란 이방 나라의 부흥이 나타날 것이다!"

시드 로스, 메시아적 비전(Messianic Vision) 회장

"짐 골의 책은 성경적인 진리와 선지자적인 통찰력을 함께 엮어서 이스라엘을 위해 기도하라는 강력한 가르침을 전함으로써 아랍 국가와 모든 열방에 영향을 주고 있다. 나는 이 책을 단지 읽기만 하는 것이 아니라 기도를 위한 저자의 지침들을 실행에 옮기라고 전심으로 권하고 싶다. 이 책은 열방 가운데 일하는 사람들뿐만 아니라 언약의 국가 이스라엘에 대한 하나님의 부르심을 받아들이고 이 모든 일들이 예루살렘에서 시작되었으며 예루살렘에서 끝난다는 것을 알고 있는 모든 사람들에게 어떻게 기도해야 하는지를 제시하는 좋은 기도 지침서이다."

돈 핀토, 내슈빌 벨몬트 교회 명예 목사
〈내 백성이 너의 백성이 되리니(My People Shall Be Your People)〉의 저자

〈이스라엘의 소명을 위해 기도하라!(Praying for Israel's Destiny)〉는 오늘날 바로 이 시간에 하나님께서 이스라엘에 대해 말씀하고 계시는 것을 시의적절하게 제시하고 있다. 하나님을 사랑하고 하나님의 눈동자를 위해 기도하는 모든 사람들에게 이 책은 반드시 읽어야 할 필독서이다."

신디 제이콥스, 제너럴즈 인터내셔널의 공동 창립자

"짐 골은 지난 25년 동안 이스라엘을 위한 파수꾼으로서 이스라엘을 위해 중보기도해 왔다. 그리고 그는 하나님이 자신의 백성과 땅에 대해 가지고 계신 목적을 성취하는 일을 보고 싶다는 열정으로 불타는 마음을 갖게 되었다. 최근에 출판된 이 책에서 저자는 지난 수년 동안 그가 받았던 이스라엘을 향한 하나님의 소명에 대한 이해와 선지자적 통찰을 나누고 있다. 뿐만 아니라, 중보기도자들이 성경말씀에 근거해 기도할 수 있는 로드맵을 제공함으로써 그들이 하나님 눈동자라고 부르는 사람들을 향한 하나님의 마음에 합하는 기도를 할 수 있게 하고 있다. 이 책은 매우 시의적절하고 중요한 책이다!"

제인 한센, 어글로우 인터내셔널 회장/CEO

"이 책은 이스라엘을 위한 좋은 기도 지침서로서 광범위하게 사용되어야 한다. 나는 이 책이 많은 믿는 자들을 위해 이스라엘을 위한 기도 매뉴얼이 되기를 소망하며 그렇게 믿고 있다. 성경적인 기도 패턴과 이를 현재의 시대적 상황에 적용하는 부분이 특히 도움이 될 것이다."

대니얼 저스터, 티쿤(Tikkun) 인터내셔널 디렉터

"이 책은 계시의 영과 성경적인 명확성, 이스라엘을 향한 마음, 성경말씀에 근거한 기도를 신선하게 조합시키고 있다. 이 책은 오늘날과 같은 시대에 전 세계적인 기도 운동을 훌륭하게 도와줄 것이다. 이 책은 모든 나라들 가운데 기도 모임과 기도하는 방에서 기도를 위한 텍스트로 사용되어야 한다."

마이크 비클, 캔자스 시티의 "기도하는 집(International House of Prayer)" 디렉터

"로마서 10장 1절에서 사도 바울은 '이스라엘을 향한 자신의 마음의 소원과 기도는 그들이 구원받는 것'이라고 말했다. 지금은 그리스도인들이 역사상 그 어느 때보다도 이스라엘과 유대 민족을 향한 하나님의 계획과 목적이 성취되도록 기도해야 한다. 이를 이루기 위해 이 책이 중요한 도구가 되리라 생각한다."

조나단 버니스, "유대인의 목소리 사역(Jewish Voice Ministries International)" 회장/최고 디렉터

| 차례 |

| 서문 |

책이란 각 장을 읽어 넘어 가면서 더 나아지도록 되어 있지 않은가? 다시 말해, 독자는 책을 읽어 가면서 더욱 더 책 속으로 빠져 들고 호기심이 자극되지 않는가?

이것이 책에 대해 당신이 기대하고 있는 것이라면 몸을 편안하게 하고 벽난로에 불을 지펴라. 그리고 성령님께서 당신의 영혼 속 깊은 곳에서 일하시게 하라. 짐 골은 분명 성령님의 영향 하에서 이 책을 썼다! 이 책을 읽으면서 나는 모르던 것을 알게 되었고, 도전을 받았으며, 영양을 공급받았고, 자극을 받았다.

중보기도는 중보자가 그 시대를 이해하고 어떻게 해야 할지를 깨달았을 때 결과가 나타난다. 이것이 바로 이 책이 하고자 하는 일이다. 이 책은 신선하다! 이 책은 오늘에 대한 책이다. 이 책은 결정적이다. 이 책의 일들은 바로 우리 눈앞에서 일어나고 있는 일들이다. 이 책은 준비된 마음에 호소한다.

헨리 블랙커비(Henry Blackaby)는 이렇게 말했다.

"하나님께서 하고 계시는 일이 무엇인지 찾아서 그분께 동참하십시오."

이 책이 우리의 기회이다!

빌 매카트니(Bill McCartney)

예루살렘으로 가는 길(Road to Jerusalem)의 창립자 겸 회장

| 감사의 글 |

지금과 같은 시기에 〈이스라엘의 소명을 위해 기도하라(Praying for Israel' s Destiny)〉가 탄생할 수 있도록 모든 노력을 기울여 준 출판팀에게 깊은 감사의 마음을 전합니다. 이 책이 나오기까지 매주 모여 기도해 준 우리 '이스라엘 기도 파수꾼(Israel Prayer Watch)' 기도회와 '네트워크 기도 전사(Network Prayer Warriors)' 기도 모임에도 감사드립니다. 이번 일에서 나의 오른팔이 되어 준 데이빗 슬러카(David Sluka)를 축복합니다. 인카운터즈 네트워크(이전의 열방사역)의 스태프들과 나를 위해 옆에 있어 주는 나의 사랑하는 가족에게도 깊은 감사를 드립니다.

Chosen Books의 출판팀과 제인 캠벨(Jane Campbell)을 축복합니다. 이 책이 펼쳐지는 동안 우리 가족이 많은 개인적인 시험을 겪었을 때 나에 대해 포기하지 않았습니다. 감사합니다. 그리고 나는 오랜 세월 동안 나를 가르쳐 준 스승들과 멘토들에게도 빚을 진 자입니다. 당신들의 그늘이 나의 삶을 만져 주었습니다. 감사합니다!

나는 영광스러운 마음으로, 이 책의 메시지대로 매일을 살아 나가는 이스라엘 땅에 살고 있는 모든 믿는 자들에게 이 책을 헌정합니다. 당신들의 앞선 중보기도와 인내와 메시아와 유대 민족을 향한 사랑의 수고를 존경합니다. 당신들이 하나님의 포도원에서 수고할 때 메시아께서 진정으로 당신들에게 힘을 주시고 축복해 주시기를 기도합니다!

계시의 영이 이 책을 읽는 모든 사람 각자에게 임하시기를, 그리고 많은 새로운 사람들이 하나님과 예루살렘을 위해 성벽을 지키는 파수꾼이 되겠다고 일어나기를 기도합니다.

기도하는 마음으로

짐 골

Encounters Network

테네시 주, 프랭클린에서

제1부

영적 이해를 위해 기도하라!

I

이스라엘을 위한 파수꾼을 세웠도다!

예루살렘이여 내가 너의 성벽 위에 파수꾼을 세우고
그들로 종일 종야에 잠잠치 않게 하였느니라
너희 여호와로 기억하시게 하는 자들아 너희는 쉬지 말며
또 여호와께서 예루살렘을 세워 세상에서 찬송을 받게 하시기까지
그로 쉬지 못하시게 하라
(이사야 62장 6~7절)

당신은 중요한 약속을 놓쳐 본 적이 있는가? 또는 지금 당장 어떤 행동을 취하지 않는다면 중요한 기회를 놓치게 될 것임을 마지막 순간에 깨달았던 경험이 있는가? 나는 이런 순간을 겪어 보았다. 평안함이라고는 찾아볼 수 없는 순간이었다. 아침에 비몽사몽간에 일

어나서 갑자기 약속이 있다는 사실이 생각난다. 그리고는 약속장소로 미친 듯이 달려가는 것이다. 약속을 완전히 까맣게 잊어버렸다면 실망감과 분노, 슬픔 같은 감정으로 가득 차게 된다. 그리고 '내가 왜 그랬을까?'라는 생각에 사로잡히게 된다. 그러나 일찍 일어나 달력에 써놓은 약속에 맞추려고 준비할 때는 해야 할 일을 하고 있다는 생각이 든다. 또한 앞으로 일어날 일들에 대한 만족감과 기대감이 생겨난다.

하나님께서도 달력에 약속을 써놓고 그 약속이 이루어지기를 기다리고 계신다는 것을 알고 있는가? 파수꾼은 하나님의 달력에 표시된 약속들 중 아직 완전히 성취되지 않은 약속들을 하나님이 기억할 수 있도록 상기시켜 주는 자이다. 파수꾼이 하는 일은 '약속'에 근거한 것이다. 다시 말해, 전지전능한 자가 왕좌에 오르기 전 역사를 구성하는 신성한 특권을 위해 선택받은 자들이 바로 파수꾼들이다.

나는 역사를 만드는 자가 되고 싶다! 이것이 나의 인생의 목표다. 당신은 상황을 바꿀 준비가 되어 있는가? 변화를 견디는 비법은 매우 간단하다. 기도가 상황을 변화시킨다.[1] 당신만의 성경 속 장소를 이스라엘을 위한 성벽으로 가져가고 있는가? 파수꾼을 위한 부르심은 이사야 시대에 이미 있었다. 그리고 지금 21세기에도 성령님은 이와 동일한 방법으로 전략적인 소명으로 우리를 부르고 계신다.

이는 마치 하나님께서 여러 시대를 거쳐 역사적인 체스 게임을 하고 계신 듯하다. 하나님은 그분의 움직임을 위해 역사 속에서 전략적인 순간을 기다리고 계신다. 그렇다. 이미 체스판은 펼쳐졌고 몇 개의 말판은 선택되었다. 파수꾼을 위한 부르심은 하나님의 중보기도의 기사들과 선지자 비숍들을 전략적으로 포진시켜 한꺼번에 움직임으로써 적진을 소탕하려는 전략이다. 이는 전 세계가 자세히 목격하게 될 것이다. 어느 누구도 이 신비하고 굉장한 시간을 놓치지 않을 것이다. 따라서 우리는 우리의 눈이 열려서 영적으로 하나님을 이해할 수 있도록 기도해야 한다.

하나님의 눈을 통해 바라보기

아내 미갈 앤과 내가 테네시 내슈빌에서 주최했던 첫 번째 컨퍼런스의 주제는 '이스라엘 교회의 신비'에 관한 것이었다. 이스라엘 베르셰바(Beersheva)에 위치한 '마지막 프런티어 사역(Final Frontier Ministries)'의 아브너와 레이첼 보스키가 예배를 인도해 주었다. 예배 도중 나는 열려진 이상을 보았는데 바로 앞에서 나를 뚫어지게 바라보는 눈동자였다. 이 눈동자 한가운데서 나는 다윗의 별(6각 성형, 유대교의 상징 — 역주)을 보았다. 이 이상을 더욱 자세히 바라보니 다윗의 별 한가운데에 성경문구가 쓰여 있었다. 그 성경말씀은 스가랴 2장 8절이었다.

그 때 나는 '스가랴 2장 8절'이 무엇을 의미하는지에 대해 아무 생각도 나지 않았다. 그래서 스가랴서를 펴고 그 구절을 읽어 보았다. "무릇 너희를 범하는 자는 그의 눈동자를 범하는 것이라." 몇몇 다른 번역서에는 "하나님의 눈동자"를 "하나님의 눈의 동공"이라 쓰고 있었다. 눈동자는 동공이다. 눈의 동공은 사물을 보는 통로, 도구가 된다. 이스라엘을 만지는 자는 하나님의 눈의 중심부, 즉 하나님의 시각의 핵심을 만지게 된다.

이 땅에 대한 하나님의 목적과 성경과 삶에 대한 정확한 선지자적 인식을 갖고 싶다면, 특히 예수 그리스도의 재림 이전의 시간에 대해 정확하게 예견하고 싶다면 하나님의 비전을 가져야만 한다. 하나님의 눈을 통해 바라보아야 한다. 그러고 나서야 하나님의 마음과 가장 가까운 마음을 가지고 주변을 사랑할 수 있게 된다.

하나님의 비전 한가운데에는 이스라엘이 있다. 우리가 상황을 정확하고 분명하게 보고자 한다면 이스라엘의 소명이라는 렌즈를 통해 바라볼 필요가 있다. 이것은 특정한 민족의 문제가 아님을 이해하기 바란다. 이것은 하나님에 대한 문제이다. 인종문제를 다루고자 하는 것이 아니라는 말이다. 하나님께서는 자신의 영광을 드러내기 위해 어느 한 민족과 도시와 나라를 선택하셨다. 이것은 약속을 지키시는 하나님, 그 민족과 도시와 나라를 향한 그분의 계획을 성실하게 이루어 가시는 하나님에 관한 문제이다. 또한 이것은 하나님의 성실하신 성품에 관한 문제이다. 하나님은 이를 아낌없이 보여 주셔서 모든 사람들이 바라보고 알도록 하신다.

잘 알려진 한 복음성가 가사 중에 다음과 같은 구절이 있다. "하나님의 눈길은 참새 한 마리에도 깃들여 있네. 그분이 나를 바라보고 계심을 나는 아네." 하나님께서 참새들까지도 눈여겨 보신다면 정중앙에서 하나님의 주목을 받는 대상으로부터 하나님의 눈길이 떨어질 리가 없다. 그 중앙에 바로 이스라엘이 있다. 하나님의 눈길은 결코 이스라엘에서 떨어져 본 적이 없다.

이제는 하나님의 눈동자, 하나님의 체스판 한가운데서 주목을 받는 이스라엘의 신비를 벗길 시간이 되었다.[2] 지난 25년 동안 나는 이스라엘을 위한 파수꾼으로서 중보기도를 해왔다. 이를 바탕으로 내가 왜 이스라엘을 위해 기도하고 증언하는지에 대해 일곱 가지 이유를 정리하고자 한다. 나는 독자들 또한 이스라엘을 대신해서 하나님께 울부짖는 성벽 위의 파수꾼이 되어야 한다고 믿는다. 당신의 과제를 감당할 준비가 되어 있는가?

이스라엘을 위해 기도하고 증언해야 하는 7가지 이유

1. 이스라엘은 여전히 하나님의 눈동자이며 하나님의 유업이기 때문이다.

이스라엘은 하나님의 마음속에서 여전히 매우 가까운 민족이기 때문에 이스라엘을 위해 기도하고 증언해야 한다. 앞에서 스가랴 2장 8절에 대해 언급했다. "무릇 너희를 범하는 자는 그의 눈동자를 범하는 것이라." 스가랴가 이 말씀을 예언하기 수백 년 전 모세는 이와 매우 비슷한 그림을 보여 주는 찬양을 썼다.

> 여호와의 분깃은 자기 백성이라 야곱은 그 택하신 기업이로다
> 여호와께서 그를 황무지에서, 짐승의 부르짖는 광야에서 만나시고
> 호위하시며 보호하시며 자기 눈동자같이 지키셨도다
> 마치 독수리가 그 보금자리를 어지럽게 하며
> 그 새끼 위에 너풀거리며
> 그 날개를 펴서 새끼를 받으며
> 그 날개 위에 그것을 업는 것같이
> (신명기 32: 9-11).

시편 148편 14절도 이렇게 선포한다. "저가 그 백성의 뿔을 높이셨으니 저는 모든 성도 곧 저를 친근히 하는 이스라엘 자손의 찬양거리로다." 뭐라고 썼는가? "저를 친근히 하는 이스라엘 자손"이다. 나는 이 구절을 가장 좋아한다!

내가 이스라엘을 위해 기도하는 첫 번째 이유는 그렇게 심오한 이유가 아니다. 나는 하나님의 마음에 가까이 가고 싶고 하나님이 보시는 것을 나도 보고 싶어서 이스라엘을 위해 기도한다. 만일 하나님께서 이스라엘이 그분의 눈의 눈동자이고 동공이라고 말씀하신다면 나는 그분의 시각으로 통찰력을 가지고 기도하고 싶다. 하나님의 심

장에 가까이 가고 싶은가? 그렇다면 하나님의 마음에 가까이 있는 것들, 사람들, 목적에 가까이 가라. 당신의 과제를 성취하라. 이스라엘을 위한 파수꾼이 되어 증언하라!

2. 지금은 긍휼을 베풀 때이기 때문이다.

이스라엘의 상황에 대해 긍휼함을 가지고 기도하라. 시편 102편 13-14절은 다음과 같이 말하고 있다.

> 주께서 일어나사 시온을 긍휼히 여기시리니
> 지금은 그를 긍휼히 여기실 때라 정한 기한이 옴이니이다.
> 주의 종들이 시온의 돌들을 즐거워하며
> 그 티끌도 연휼히 여기나이다.

이제 그 시간이 왔다!

'이스라엘을 위한 기도(*Prayers for Israel*)'의 기도 소리는 캐나다 브리티시 콜럼비아의 킬로나에 있는 작고 외딴 스튜디오에서 녹음을 했다. 솔직히 말해서 그 작은 건물은 매우 추웠다. 하지만 시편 102편에서 "지금은 그를 긍휼히 여기실 때라"는 부분을 기도하는 도중 성령님이 나에게 임하셨다. 그리고 내 심장은 하나님의 불로 타고 있었다. 나는 울기 시작했다. 아마도 그 순간 나는 하나님의 마음을 흘려보내고 있었는지 모른다. 하나님은 우리가 독선적인 분노로 주먹을 불끈 쥐고 기도하는 것이 아니라 긍휼이 가득한 마음으로 기도하기를 원하신다. 나는 주님께 나의 마음을 부드럽게 만들어 달라고 울부짖으며 기도해 왔다. 당신 또한 이스라엘을 향한 긍휼한 마음을 달라고 성령님께 간구할 수 있다.

최근의 한 인터뷰에서 내 기도 시간이 어떤 모습인지에 대한 질문을 받았다. 나는 이렇게 생각했다. '이 질문에 어떻게 대답해야 하지? 지난 수년 동안 나의 기도는 항상 다른 모습이었는데.' 그래서 나는 이렇게 대답했다.

> 글쎄요. 나는 일단 말씀으로 기도를 시작했습니다. 그리고 말씀을 내 삶에 접목시켰습니다. 나는 몇 시간 동안 성경말씀을 가지고 기도했습니다. 그러고 나니 성령 안에서 예배하고 찬양하고 기도하는 법을 깨닫는 순간이 왔습니다. 내 개인 선생이신 성령님께서는 나에게 선지자적 중보기도라는 전사의 망토를 집어 들어서 그리스도를 믿는 자로서 권세를 사용하는 법을 가르쳐 주셨습니다. 이는 기도의 여정에서 또 다른 전환점을 가져왔습니다. 마음으로 하는 기도는 언어라는 형식조차 없습니다. 그것은 단지 그분과 함께 하는 것입니다. 하지만 지금 내가 주로 기도하는 모습은 눈물을 흘리며 하는 기도입니다. 나의 내면에서 어떤 일이 일어나면 울기 시작합니다. 하나님은 내 안에 그분의 회개하는 심령을 주십니다. 그러면 나는 어떤 상황에 대해, 장소에 대해, 어떤 개인이나 단체에 대해 하나님이 느끼는 것을 느끼기 시작합니다.

하나님은 우리가 이스라엘에 대해 긍휼한 마음을 가지고 기도할 수 있도록 우리에게 그분의 마음을 주고 싶어 하신다. 우리가 그분의 마음을 받아야 할 시간이 되었다. 우리의 기도는 단지 올바른 말을 하는 수준을 넘어 마음으로 기도하게 된다. 그리고 더 나아가 눈물로 기도하게 된다. 시온에 대해 긍휼한 마음을 가져야 할 때이다. 그래서 나는 이스라엘을 위해 기도하고 증언한다. 당신도 나와 함께 하고 싶은가?

3. 하나님은 그분과 우리를 쉬지 못하게 하라고 명령하시기 때문이다.

하나님께서는 예루살렘을 세워 세상에서 찬송을 받고 싶어 하시기 때문에 이스라엘을 위해 기도하고 증언해야 한다. 이사야 선지자는 다음과 같이 선포했다.

> 예루살렘이여 내가 너의 성벽 위에 파수꾼을 세우고
> 그들로 종일 종야에 잠잠치 않게 하였느니라
> 너희 여호와로 기억하시게 하는 자들아 너희는 쉬지 말며
> 또 여호와께서 예루살렘을 세워 세상에서 찬송을 받게 하시기까지
> 그로 쉬지 못하시게 하라
> (이사야 62: 6-7).

무엇이 세워질 때까지 여호와를 쉬지 못하게 해야 하는가? 예루

살렘이다! 하나님은 워싱턴 DC나 파리, 런던이라고 말씀하지 않으셨다. 하나님은 콘스탄티노플이나 아테네, 다마스쿠스, 모스크바, 카이로라고 말씀하지 않으셨다. 그분은 예루살렘이 찬송을 받을 때까지라고 말씀하셨다.

많은 뉴스 기사들에 따르면 예루살렘은 이 땅에서 찬송을 받는 일과는 거리가 멀다. 전 세계 많은 사람들이 오히려 예루살렘을 저주하고 내가 다시 쓰기조차 어려운 말을 사용하며 유대인들을 욕하고 있다. 그렇기 때문에 우리는 예루살렘이 찬송받기까지, 이 땅의 모든 거민들이 예루살렘을 영광스럽게 찬송하기까지 기도의 목소리를 높여야 한다.

우리가 매우 분명하게 이해해야 하는 것이 있다. 이 일은 우리 자신을 위한 것이 아니다. 이 일은 시온을 위한 것이다. 이 일은 편리함에 관한 문제가 아니다. 이 일은 우선순위의 문제이다! 우리 사역 팀은 매주 '이스라엘을 위한 파수꾼의 기도' 사역을 주관한다. 이 일이 항상 쉬운 것은 아니다. 그러나 기쁨이 된다. 어떤 형태의 기도도 편리한 것은 없다.

그러나 일단 이 일을 시작하게 되면 더 많은 장애물이 길을 가로막고 있음을 발견하게 될 것이다. 기도를 중단해야 할 이유가 나타난다. 좀더 쉽게 가야 할 이유, 주의를 분산시키는 이유, 일정상의 이유들이 나타난다. 마음에서 단호하게 결단을 내려야 한다. 그 때가 올 때까지 기도하라!

4. 하나님은 우리를 통해 이스라엘의 구원을 성취하시기 원하기 때문이다.

이스라엘이 구원받도록 기도하라. 하나님은 이스라엘을 향한 그분의 긍휼한 마음, 그분의 눈물을 우리에게 주고 싶어 하신다. 그러나 눈물과 긍휼이 하나님의 최종 목적은 아니다. 하나님은 우리가 하나님의 마음을 받음으로써 이스라엘의 구원을 위해 정확하게 그리고 분별력을 갖고 기도하기를 원하신다.

사도 바울은 이렇게 말했다. "내게 큰 근심이 있는 것과 마음에 그치지 않는 고통이 있는 것을…내 마음에 원하는 바와 하나님께 구하는 바는 이스라엘을 위함이니 곧 저희로 구원을 얻게 함이라"(로마서 9:2, 10:1). 그리고 바울은 이렇게 선포했다. "나의 형제 곧 골육의 친척을 위하여 내 자신이 저주를 받아 그리스도에게서 끊어질지라도 원하는 바로라 저희는 이스라엘 사람이라"(로마서 9:3-4). 바울은 이스라엘 사람들이 그들의 메시아를 알 수만 있다면 자신이 그리스도로부터 끊어져도 좋다고 생각했다. 바울은 이스라엘을 위해 자기 자신을 기꺼이 희생하려 했다!

우리 사역팀은 컨퍼런스를 주최할 때 보통 '이스라엘을 위한 기도 파수꾼'라는 특별 순서를 두어 성도들이 듣고, 동의하고, 수용하고, 배우고, 참여할 수 있도록 한다. 이 프로그램들 중 어느 한 프로그램이 진행되던 중 나는 기이하고도 생생한 이상을 보게 되었다. 나는 하나님의 밝고 환한 광선 속으로 들어갔다. 이 빛 가운데로 걸어나가자 하나님의 광대한 사랑의 터널 끝에 어떤 남자가 서 있는 것이

보였다. 갑자기 나의 존재는 공중으로 높이 날아올랐고 하나님의 사랑의 빛 안에 서 있는 그 남자의 심장 속으로 뛰어 들어가는 듯했다. 그 사람 안에는 하나님의 사도적 심장이 크게 박동치고 있었다. 하나님의 심장 박동에 따라 리듬을 탄 말씀이 이 남자의 심장 안에서 메아리치고 있었다. 이 남자는 사도 바울을 의미하는 것 같았다. 그러고 나서 나에게 어떤 소리가 들려왔다. "내 심장이 원하는 것은 모든 이스라엘이 구원받는 것이다." 내 가슴은 다시 한 번 찢어질 것 같았다. 나는 이스라엘의 구원을 위해 울고 또 울며 기도했다.

나는 로마서의 이 말씀을 읽고 또 읽었다. 그리고 이스라엘을 위해 지난 수년간 금식하고 기도했다. 그러나 그 때의 경험을 통해 가장 중요한 것을 내 존재 속에 박아놓았다. 우리는 이스라엘의 구원을 위해 기도할 때 타오르는 횃불처럼 나아가야만 한다. 하나님은 사도 바울이 원했던 것을 원하고 계신다. 당신은 타오르는 불처럼 열렬하게 이스라엘의 구원을 원하며 기도하는가?

5. 하나님은 우리에게 예루살렘의 평안을 위해 기도하라고 명령하시기 때문이다.

하나님께서는 예루살렘과 그 거민들에게 하나님의 평안과 선하심으로 축복하기를 원하신다. 그러므로 이스라엘을 위해 기도하고 증언해야 한다. 전사이자 시편기자인 다윗은 예루살렘을 사랑했고 예루살렘을 위해 많은 전투를 했다. 지금도 중동의 이 작은 땅에는 전쟁과 갈등이 휘몰아치고 있다. 오늘날 우리는 시편 122편에 나타난 다윗의 간곡한 권고대로 기도하고 찬양해야 한다. "예루살렘을 위하여 평안을 구하라. 예루살렘을 사랑하는 자는 형통하리로다. 네 성 안에는 평강이 있고 네 궁중에는 형통이 있을지어다"(시편 122:6-7).

시편 곳곳에 드러나 있는 하나님의 마음을 생각해 보라.

여호와여 주는 겸손한 자의 소원을 들으셨으니
저희 마음을 예비하시며 귀를 기울여 들으시고
고아와 압박 당하는 자를 위하여 심판하사
세상에 속한 자로 다시는 위협지 못하게 하시리이다
(시편 10:17-18).

빈약한 자를 권고하는 자가 복이 있음이여
재앙의 날에 여호와께서 저를 건지시리로다
(시편 41:1).

내가 알거니와 여호와는 고난 당하는 자를 신원하시며
궁핍한 자에게 공의를 베푸시리이다
(시편 140:12).

사도 바울 또한 예루살렘을 사랑했다. 그리고 예루살렘의 도시와 거민들의 평안을 걱정했다. 로마인들에게 보내는 서신에 바울은 다음과 같이 썼다.

> 그러나 이제는 내가 성도를 섬기는 일로 예루살렘에 가노니 이는 마게도냐와 아가야 사람들이 예루살렘 성도 중 가난한 자들을 위하여 기쁘게 얼마를 동정하였음이라
>
> (로마서 15:25-27).

오늘날 이스라엘은 수십만 명의 새로운 이민자들, 관광산업의 침체, 긴장과 압박, 테러와 전쟁 그리고 전쟁에 대한 루머로 경제적으로 절대적 타격을 입은 상태다. 우리는 이 도시가 평안을 얻도록 하나님의 샬롬을 위해 기도해야 한다. 그리고 더 나아가서 행동해야 한다. 나는 종종 중보기도자인 제임스 S.D. 고든의 말을 인용한다. "기도한 이후에는 기도하는 것 이상의 일을 할 수 있습니다. 하지만 기도하기 전까지는 오직 기도만 할 수 있을 뿐입니다."

지금은 우리가 믿음대로 행동할 때이다. 이스라엘에서 배리와 배탸 시걸(Batya Segal)이 이끄는 '요셉의 창고(Joseph's Storehouse)' 사역은 함께 동역해 믿음과 긍휼 사역에 발을 맞추는 모습을 보여 줌으로써 오늘날 우리에게 놀라운 본보기가 되고 있다. 이들은 유대인들과 아랍 민족들을 향한 하나님의 마음을 매우 실질적인 방법으로 행동으로 나타내고 있다.

나는 이스라엘 구호기금과 기타 단체들과 함께 동역할 수 있는 축복을 받았다. 수백만 달러의 구호기금이 의료기기와 식량, 의복 그리고 다른 필요한 물품을 위해 보내졌다. 이 구호기금은 복음주의 개신교 공동체가 이스라엘 땅에서 도움이 필요한 사람들에게 보내는 것이었다.

하나님께서 이들 사역을 비롯한 다른 많은 사역들을 축복하셔서 육체를 따라서 예수님의 형제들인 '우리 형제들 중 가장 낮은 자들'에게 물 한 사발을 주고 가난한 자들을 먹이고 의복을 주는 더 많은 사역을 일으키시기를 기도한다.

6. 이스라엘이 예수님을 받아들일 때 생명이 들어오게 될 것이기 때문이다.

이스라엘을 위해 기도하고 행동하라. 유대 민족이 메시아이신 예수님을 받아들인다면 전 세계적으로 전례가 없었던 많은 수의 부흥이 일어나게 될 것이다. 로마서 11장 15절은 다음과 같이 말한다. "그들을 버리는 것이 세상의 화목이 되거든 그 받아들이는 것이 죽은 자 가운데서 살아나는 것이 아니면 무엇이리요." 오, 죽은 자 가운데서 살아난다니!

이사야는 이렇게 예언했다. "후일에는 야곱의 뿌리가 박히며 이스라엘의 움이 돋고 꽃이 필 것이라 그들이 그 결실로 지면을 채우리로다"(이사야 27:6). 이는 자연스럽게 열리는 열매 그 이상이다.

이스라엘을 위해 기도하는 일은 세계적인 부흥을 위한 핵심 열쇠다. 유대인들이 잠에서 깨어나 그들의 메시아를 바라볼 때 말 그대로 수백만 명은 아니더라도 수십만 명의 사람들이 예수님을 그들의 메시아로 받아들이는 때가 더욱 앞당겨질 것이다. 유대인이 아브라함과 이삭과 야곱의 하나님에 대해 다른 사람들에게 말하는 것보다 더 강력한 영향을 주는 일은 없다. 전 세계의 영적 부흥을 보고 싶은가? 그렇다면 기도하라!

이스라엘이 영광스러운 메시아를 받아들이는 일은 이 땅에서 볼 수 없었던 가장 커다란 영적 각성을 촉발시키게 될 것이다. 지구상의 모든 지역이 부흥의 열매로 가득 차게 될 것이다. 나는 이 끝을 향해 나아가며 기도한다! 당신도 나와 함께 동참하겠는가?

7. 예수님은 이스라엘이 주님께 돌아오는 일을 자신의 재림과 연결시키셨기 때문이다.

이스라엘을 위해 기도하고 증언하라. 그리스도의 재림은 그분을 향한 이스라엘의 반응과 관련되어 있다. 예수님은 십자가 죽음 전에 이렇게 예언했다. "내가 너희에게 이르노니 이제부터 너희는 찬송하리로다 주의 이름으로 오시는 이여 할 때까지 나를 보지 못하리라 하시니라"(마태 23:39). 예수님은 자신의 재림을 이스라엘 전체가 그분께 돌아오는 일과 연결시켜 두셨다.

EEFI(Ebenezer Emergency Fund International)의 CEO이자 운영 위원장인 요하네스 파시우스(Johannes Facius)는 지상 45개국에서 기도의

제안을 출범하는 데 도움을 주었다. 요하네스 파시우스는 다음과 같이 선포했다.

> 이제 전체 그림을 바라보십시오! 주님은 예루살렘 성의 유대인 거주민들에게 그들이 다시는 그분을 보지 못할 것이라고 말씀하신 것이 아닙니다. 주님은 그들이 그분을 환영할 준비가 될 때까지는 그분을 보지 못할 것이라고 말씀하고 계십니다. 그리스도께서 처음 이 땅에 오셨을 때 그분은 환영받지 못했습니다. 메시아께서는 이 상황을 되풀이하고자 하는 의도가 없으십니다.
>
> 예수님은 예루살렘의 유대인들이 전심으로 그분을 환영할 때까지 그분의 재림은 일어나지 않을 것이라고 말씀하고 계십니다. 거의 2,000년 전에 망명했던 유대인들의 후손들이 그런 일이 일어나기 전 예루살렘으로 되돌아올 것입니다.[3]

당신은 살아 생전에 예수님께서 다시 오시는 것을 보고 싶은가? 그분이 다시 오시는 날을 앞당기는 일이 가능한가?(벧후 3:12 참조) 예수님이 다시 오시는 모습을 보고 싶은가? 그렇다면 유대인들의 눈에 씌워진 눈꺼풀이 떨어져서(롬 11:25) 그들이 마음을 열고 메시아를 환영하도록 기도하라.

안나와 시몬은 우리의 영광스러운 구세주, 주님이 처음으로 이 땅에 오시는 길을 예비하며 성전에서 그들의 여생을 보냈다(눅 2:25-38).

우리의 영광스러운 메시아의 재림 전에도 그러한 일들이 일어날 것이다. 수십 만 명의 안나와 시몬들이 열방 가운데 일어나 우리의 유대인 메시아, '예수아(*Yeshua*)'의 다시 오심을 위한 길을 예비하며 파수꾼처럼 깨어 금식하며 예배와 중보기도 사역 가운데 성전에 앉아 있을 것이다.

이스라엘을 위해 왜 기도하고 행동하는가? 왜냐하면 예수님이 그렇게 하라고 하셨기 때문이다. 이사야가 그렇게 하라고 했기 때문이다. 시편 기자인 다윗이 그렇게 하라고 했기 때문이다. 오늘날 성령님이 그렇게 하라고 말씀하고 계시기 때문이다.

이스라엘을 위해 기도하고 행동하는 데에는 많은 다른 이유들이 있을 수 있다. 어떤 이유이든 그것을 붙잡으라. 그리고 이스라엘을 위해 기도하고 증언하라!

이스라엘을 위해 부르짖는 기도의 시작!

하나님께서는 우리가 이스라엘을 향한 그분의 마음을 알기 원하시며, 이스라엘의 상황에 대한 긍휼함으로 가득 채워지기를 원하신다. 하나님은 또한 이 긍휼함 때문에 우리가 그분의 마음 가운데 있는 것에 대해 그분께 부르짖으며 기도하기를 원하신다. 좋은 소식은 우리가 도와달라고 부르짖을 때 주님은 항상 응답하신다는 사실이다. 이스라엘의 역사를 보면 그 패턴이 분명히 드러난다. 사람들이 곤경에 처하면 하나님께 부르짖는다. 그러면 하나님은 그들을 역경으로부터 구원해 내신다. 역사에서는 이런 일들이 반복되고 있다.

성령님께서는 이방의 교회가 '지금과 같은 때를 위해' 일어날 수 있도록 전략적인 창을 열고 계신다고 확신한다. 메시아의 몸에 속한 다른 많은 리더들도 이렇게 확신하고 있다. 우리는 교회 역사 상 이전에는 없었던 방식으로 기도하고 일어나야 한다. 우리는 이스라엘과 유대인들과 아브라함의 모든 자손들 안에서 하나님의 목적이 성취되도록 기도해야 한다.

교회는 현재 잃어버렸던 금식이라는 무기를 회복해야 할 중추적인 시간에 와 있다. 영적 위기에 개입하는 일은 금식으로 기도하는 성경적 토대로부터 시작된다.

성경에는 이를 보여 주는 많은 예시들이 있다. 그중에서도 가장 큰 사건은 에스더와 모르드개의 금식이었다. 그들은 생사불명의 위기를 맞아 모든 음식과 음료를 끊은 채 3일 동안 엄숙한 집회를 열었다. 하나님은 그들에게 위기를 벗어날 수 있는 방법을 알려 주셨다. 우리도 그들처럼 반응한다면 하나님은 오늘날 이스라엘을 위해서 위기를 벗어날 방법을 알려 주실 것이다.

성령님은 우리가 하나님의 옛 언약의 백성을 대신해서 현대의 에스더와 모르드개가 되라고 부르고 계신다. 따라서 나는 믿음과 겸손과 소명감과 촉박함을 가지고 매년 퓨림절 기간에 3일 동안 진행되는 금식 기도인 '더 크라이(The Cry)' 기도를 요청한다. 더 크라이는 하나님의 목적과 부르심이 그분의 백성 이스라엘 안에 성취될 때까지 진행된다. 지금은 이를 위해 일어날 때다!

유대 달력에 따르면 퓨림절은 아다(Adar) 월에 있다. 아다 월은 보통 2월이나 3월에 해당한다. 모세도 아다 월에 태어났다. 그리고 아다 월은 유대인 지도자인 마카베오(Maccabees)가 시리아인들을 이겼던 달이며 성전의 재건과 유대인들의 이스라엘 귀향에 앞서 예루살렘 성벽을 재건하라는 명령이 내려진 달도 아다 월이었다[4](율리우스 달력에 따른 퓨림제 날짜는 부록에 제시되어 있다. 또한 해당하는 성경말씀도 표시되어 있다. 앞으로 몇 년간의 퓨림절 날짜를 계산해 기록했으며 이는 또한 매년 진행되는 더 크라이 기도회의 날짜이기도 하다).

이 기도에 동참하겠는가? 성령님은 역사를 만드는 중보기도에 예언적 초대장을 발행하고 계신다. 유대인들과 그들의 소명에 대한 하나님의 마음을 열렬히 구할 때 우리는 역사적인 행동의 물꼬를 트게 된다.

나와 함께 하나님에게 부르짖는 기도를 올릴 준비가 되어 있는가? 이스라엘의 소명이 완전히 이루어지고 성취될 때까지 기도하자!

말씀에 근거한 기도 연습

이스라엘의 소명을 위해 또는 하나님의 마음속에 있는 어떤 것을 위해 기도하는 법을 배우는 일은 하나의 과정이다. 따라서 이 책의 각 장에는 기도를 위한 핵심 성경구절을 실어 둔 '말씀에 근거한 기도 연습' 이라는 부분이 있다. 각 성경구절을 훑어보고 그 아래에 실은 예시 기도를 사용해 해당 구절을 가지고 기도하도록 권장한다.

말씀과 기도: 시편 102:1-2, 13-14

여호와여 내 기도를 들으시고 나의 부르짖음을 주께 상달하게 하소서. 나의 괴로운 날에 주의 얼굴을 내게서 숨기지 마소서. 주의 귀를 내게 기울이사 내가 부르짖는 날에 속히 내게 응답하소서… 주께서 일어나서 시온을 긍휼히 여기시리니 지금은 그에게 은혜를 베푸실 때라 정한 기한이 다가옴이니이다. 주의 종들이 시온의 돌들을 즐거워하며 그의 티끌도 은혜를 받나이다.

주 하나님, 우리 안에 커다란 울부짖는 기도가 일어나기를 기도합니다. 당신께서 우리의 기도를 들으시며 즉시 응답하신다는 확신을 가지고 곤경의 때에 당신을 향해 소리 높이기를 간구합니다. 오 주님, 우리의 기도를 들으소서! 도움을 구하는 우리의 부르짖는 기도에 귀를 기울이시니 감사합니다. 당신의 백성, 이스라엘의 부르짖음을 들으소서. 그리고 우리에게 그들을 향한 긍휼한 마음, 당신의 마음을 부어 주소서! 주여, 일어나 당신의 백성을 긍휼히 여기소서. 오 주여, 그들의 기도소리를 들으소서! 이스라엘에 은혜를 부으소서. 이제 때가 왔나이다. 당신의 종들이 이스라엘에서 큰 기뻠을 얻고 이스라엘의 상황에 대해 당신의 긍휼한 마음을 갖게 하소서. 주님, 우리에게 당신의 마음을 주소서. 당신의 눈동자가 우리의 비전 한가운데에 오게 하소서. 아멘.

말씀과 기도: 시편 22:4–5

우리 조상들이 주께 의뢰하고 의뢰하였으므로 그들을 건지셨나이다. 그들이 주께 부르짖어 구원을 얻고 주께 의뢰하여 수치를 당하지 아니하였나이다.

하나님, 성경에서 우리는 당신의 크신 성실하심에 대해 읽었습니다. 당신을 신뢰하는 자들이 당신에게 부르짖을 때, 당신께서는 모든 사람을 구원하셨습니다. 그러므로 이스라엘 백성이 다시 한번 아브라함과 이삭과 야곱 그들 조상의 하나님이신 당신을 신뢰하게 해주옵소서. 그들이 커다란 어려움 가운데 당신에게 부르짖을 때 그들을 모든 곤경에서 구해 주시옵소서. 그들에게 당신의 모습을 나타내 주소서. 다시 한번 그들에게 당신의 크신 성실하심과 당신께서는 실망하지 않으시는 하나님이심을 보여 주시옵소서. 아멘.

말씀과 기도: 이사야 27: 6

후일에는 야곱의 뿌리가 박히며 이스라엘의 움이 돋고 꽃이 필 것이라 그들이 그 결실로 지면을 채우리로다.

하나님, 당신의 영원하신 말씀과 야곱에 대한 당신의 약속에 감사합니다. 이스라엘을 풍요롭게 하소서. 이스라엘이 뿌리가 박히고, 움이 돋고, 꽃이 피게 하소서. 예수님께서는 오직 그분 안에 거하는 자들만이 많은 열매를 맺을 것이라고 말씀하셨습니다. 이스라엘이 메시아 안에 거함으로써 많고 많은 열매를 맺고 그들의 열매가 온 땅을 가득 채우게 하옵소서. 부흥의 열매가 이스라엘에 있게 하시고 이스라엘로부터 이 땅 끝까지 전파되게 하소서. 아멘.

절박한 시간은 절박한 조치를 요구한다!

순간적인 시간을 잡아서 우리의 소명을 향해 일어나자. 이스라엘의 소명이 성취되도록 성벽의 파수꾼이 되는 것이 우리의 소명이다. 절박한 시간에는 절박한 조치가 필요하다. 우리 앞에 놓인 하나님이 주신 기회와 약속을 놓치지 말자. 기도의 군사들이 늘어나고 순수해지고 더욱 효과적으로 기도하게 하자.

이제 시간이 되었다! 이들이 바로 그 세대이다. 우리가 섬기는 유대인 메시아가 어떤 분이신지를 증명하는 새로운 부류의 종된 신도들이 일어나게 하소서.

예레미야의 말씀을 기억하는가? "그들이 울며 돌아오리니 나의 인도함을 받고 간구할 때에"(예레미야 31:9). 이 책을 읽고 있는 모든 독자들에게 도전하고 싶다. 누구의 간구가 하나님 귀에 들릴 것인가? 누가 목소리를 높여서 하늘에 있는 금대접을 채울 것인가?(요한계시록 5:8 참조) 나와 함께 동참하겠는가?[5] 울부짖는 기도, '더 크라이(The Cry)' 가 일어나게 하자! 역사를 담는 자로서 당신이 해야 할 일, 지금과 같은 때에 중보기도를 당신의 할 일로 받아들이라!

● 묵상 질문

1. 중보기도에서 '파수꾼'이 된다는 것은 어떤 의미입니까?

2. 이스라엘을 위해 아직 성취되지 않고 남아 있는 성경 속의 약속은 무엇입니까?

3. 이스라엘을 위해 기도하고 행동해야 하는 이유 3가지를 들어보십시오.

● 참고 서적

Goll, Jim W. *Exodus Cry.* Ventura, Calif.: Regal Books, 2001.

Teplinsky, Sandra, *Why Care About Israel?* Grand Rapids, Mich.: Chosen Books, 2004.

2

짐을 지고 가는 자의 성품

시온 딸에게 이르기를 네 왕이 네게 임하나니

그는 겸손하여 나귀, 곧 멍에 메는 짐승의 새끼를 탔도다 하라 하였느니라

(마태복음 21:5)

십자가 위에서 고난을 당하시기 한 주 전 예수님께서는 예언을 성취하며 예수님께서 그토록 가슴속에 품고 싶어 하셨던 도시, 예루살렘으로 그분을 태우고 갈 짐꾼이 필요하셨다(마태 21:1-11, 23:37 참조).

예수님께서는 타고 갈 짐승, 나귀 한 마리가 그 일을 담당해 주기를 원하셨다.

그 어린 나귀는 역사를 만들었다. 매년 종려 주일이 되면 예배를

드리는 교회에서는 이 어린 나귀가 메시아를 태웠던 종으로 기억되고 있다. 지금도 예수님은 예루살렘을 향한 그분의 마음을 지고 갈 또 다른 짐꾼을 찾고 계신다. 짐꾼이란 이스라엘을 위해 진지하게 기도하는 모든 중보자들을 의미하는 말이다.

주님의 짐을 지고 가는 일에 있어 우리에게 필요한 요소는 바로 성품의 힘이다. 주님이 찾고 계시는 '짐꾼'은 자기 자신을 위해서는 어떠한 영광도 취하지 않고 주님을 태울 수 있는 사람이다. 기꺼이 섬기고, 짐을 질 능력이 있으며, 하나님의 예언의 말씀이 성취되는 것을 보는 그릇이다.

당신은 이러한 성품을 가진 소유자인가? 지금과 같은 때에 당신은 주님의 짐꾼으로서 역사를 통해 당신의 과제를 성취하는 사람이 될 것인가?

제 2, 3장에서 우리는 주님의 마음을 지고 갈 성품을 소유했던 성경 속에 나오는 여덟 명의 인물을 살펴볼 것이다. 각 사람들의 성품을 간단히 살펴보고 역사적으로 그들이 살던 시대에서 하나님이 주신 짐을 지고 갈 수 있도록 해주었던 그들만의 독특한 힘과 열정을 조명해 보겠다.

지금과 같은 때에 우리는 이 여덟 명의 짐꾼들처럼 역사 속에서 우리의 자리를 감당하도록 부르심을 받았다. 이들 선구자들과 그리고 나와 함께 이스라엘을 향한 하나님의 마음을 지고 가는 일에 동참하겠는가?

모세

모세는 몰래 태어난 아름다운 히브리인 남자아기였다. 모세는 바구니에 숨겨진 채 나일 강을 떠내려 가다가 애굽 왕의 딸에게 발견되었다.

40세가 될 때까지 모세는 바로 왕의 궁전에서 살았다. 그러던 중 한 애굽 사람이 히브리인을 때리는 모습을 본 그는 분노해 일어났고 결국은 그 애굽 사람을 죽이게 된다. 모세는 광야로 도망해 40년 동안 장인을 위해 양을 돌보았다.

하나님께서 덤불 가운데 빛나는 불로 나타나신 이후 모세의 불투명한 삶은 갑자기 드러나게 되고, 모세는 히브리인들 사이에서 단번에 유명해지게 된다. 모세가 행했던 열 개의 드라마 같은 기적은 세계 역사상 유례를 볼 수 없던 것으로 기록되고 있다. 유대인들은 오늘날에도 이 기적들을 기념하고 있다.

모세는 200만 명 이상의 유대인들을 애굽에서 끌어 냈다. 그리고 몇 번의 놀라운 기적을 더 행함으로써 히브리 민족이 멸망하지 않도록 했다.

모세는 이스라엘이 한 국가로서 그들의 역사를 시작할 때 이스라엘을 위한 하나님의 짐꾼이었다. 그는 이스라엘을 애굽의 구속으로부터 이끌어내서 광야를 통과하게 하고 약속의 땅으로 향하게 했다. 모세는 어떤 성품의 소유자였을까?

하나님의 영광을 위한 종

모세가 하나님으로부터 십계명을 받은 후 시내 산을 내려왔을 때 그는 이스라엘 사람들이 금송아지를 만들어 애굽 땅에서 자신들을 데리고 나온 신으로 여기고 경배하는 모습을 보았다. 이에 대한 벌로 하나님께서는 모든 이스라엘 민족을 멸하겠다고 말씀하셨다.

그러자 모세는 40일 동안 밤낮으로 금식하며 이스라엘을 대신해 하나님께 부르짖었다. 이 금식기도는 모세가 시내 산에서 하나님을 독대하는 40일 동안의 금식이 끝나고 바로 이어진 금식이었다(출애굽기 32장, 신명기 9:18 참조).

모세는 하나님의 이름과 영광을 위해 이스라엘을 멸하지 말아 달라고 하나님께 간구했다. 그는 언약을 지키시는 하나님께서 아브라함과 이삭과 이스라엘(야곱)에게 했던 약속을 지키셔야 한다고 주장했다. 이에 하나님은 분노를 누그러뜨리고 이스라엘을 멸하지 않으셨다.

그러나 하나님은 이스라엘 민족이 약속의 땅으로 가는 도중 그들을 멸할지도 모르기 때문에 그들과 함께 약속의 땅으로 들어가지 않겠다고 말씀하셨다. 그 대신 하나님은 그들의 대적을 쫓아 내기 위해 천사를 보내겠다고 말씀하셨다.

이 정도면 이제 하나님께 압력을 가하는 일을 그만둘 때가 되었다는 생각이 들지 않는가? 하지만 모세는 이런 느낌을 받아들이지 않았다. 오히려 모세는 더욱 간절하고 절박하게 이스라엘을 대신해 중보기도했다.

모세는 하나님의 임재, 하나님의 영광만이 이스라엘을 다른 열방과 구별해 줄 수 있다고 생각했다. 그는 분명하게 말했다. "주께서 친히 가지 아니하시려거든 우리를 이 곳에서 올려 보내지 마옵소서"(출애굽기 33:15).

모세는 이렇게 하나님과 거래하는 동안 하나님의 영광을 너무나 간곡히 갈망했다. 그는 "원하건대 주의 영광을 내게 보이소서"라고 부르짖었다. 그리고 하나님은 그렇게 하셨다(출애굽기 33:17-34:9).

당신은 모세에게 이 과정을 쉽게 벗어날 기회가 두 번이나 있었음을 눈치 챘는가? 첫 번째 기회는 하나님께서 범죄한 이스라엘 사람들을 몰아내고 멸한 뒤 모세와 함께 다시 시작하겠다고 제안하셨을 때였다.

우는 소리를 하고 불평하고 반항하는 모습을 좋아하는 사람이 아닌 한 괜찮은 선택이었다. 그러나 모세의 반응은 어땠는가? 하나님의 영광에 대한 갈망으로 인해 모세는 이스라엘을 대신해 자기 자신의 생명을 걸었다(출애굽기 32:32).

두 번째 기회는 이스라엘의 모든 대적들을 물리치기 위해 약속의 땅으로 천사를 보내시겠다고 제안하신 때였다. 모세는 이번에도 더 큰 것을 갈구했다. 바로 하나님의 영광이었다. 이는 짐을 지고 갈 성품을 소유한 사람이 선택하는 길이다. 그렇다! 하나님의 영광이라는 비전으로 불타오르는 것이다!

다윗의 아들 솔로몬 왕이 통치하던 시기에 이스라엘은 세계에서 가장 번영하고 가장 존경받던 나라였다. 솔로몬은 다윗이 밧세바와 동침해 낳은 두 번째 아들이었다. 다윗이 나이 들자 솔로몬의 이복형인 아도니야는 자기를 위한 거대 병력을 준비하고 스스로 왕이라고 선포했다.

성경은 아도니야의 용모가 매우 준수했고 모든 이스라엘 사람들이 아도니야를 다윗의 후계자로 생각했다고 말한다(열왕기상 1:5-25, 2:15 참조). 그러나 밧세바의 개입으로 다윗은 솔로몬을 자신의 후계자로 지명했다. 사실 그것은 하나님의 의도였다.

솔로몬이 나라를 다스리던 초기 하나님은 그의 꿈에 나타나셔서 이렇게 물으셨다. "내가 네게 무엇을 줄꼬 너는 구하라"(열왕기상 3:5). 솔로몬은 자신이 나라를 이끌어갈 능력이 없음을 알고 하나님께 선악을 분별할 수 있는 지혜를 달라고 겸손하게 간구했다. 하나님은 솔로몬의 대답에 기뻐하셨고 그에게 지혜롭고 총명한 마음을 주어 그의 이전이나 앞에 그와 상대할 자가 없도록 하셨다(열왕기상 3:12, 4:29-34 참조). 솔로몬은 이스라엘에서 이어지던 오랜 전쟁을 끝내고 나라를 평안과 번영으로 이끌었다. 솔로몬은 "왕의 재산과 지혜가 세상의 그 어느 왕보다 컸다"(열왕기상 10:23). 그리고 그는 이스라엘이 가장 강대했을 때 이스라엘을 위해 하나님의 짐을 지는 자였다. 그렇다면 솔로몬의 성품은 어떠했는가?

솔로몬에 대해 성경은 다음과 같이 말하고 있다.

> 하나님이 솔로몬에게 지혜와 총명을 심히 많이 주시고 또 넓은 마음을 주시되 바닷가의 모래와 같이 하시니 솔로몬의 지혜가 동쪽 모든 사람의 지혜와 애굽의 모든 지혜보다 뛰어난지라 그는 모든 사람보다 지혜로워서 예스라 사람 에단과 마홀의 아들 헤만과 갈골과 다르다보다 나으므로 그의 이름이 사방 모든 나라에 들렸더라 그가 잠언 삼천 가지를 말하였고 그의 노래는 천다섯 편이며…사람들이 솔로몬의 지혜를 들으러 왔으니 이는 그의 지혜의 소문을 들은 천하 모든 왕들이 보낸 자들이더라
>
> (열왕기상 4:29-32, 34).

스바의 여왕이 솔로몬의 명성을 듣고 어려운 문제를 가지고 솔로몬을 시험하기 위해 많은 수행자를 거느리고 예루살렘으로 왔다. 솔로몬의 지혜와 왕국의 부는 여왕이 생각했던 것보다 훨씬 컸으며 여왕은 솔로몬에게 굴복했다(열왕기상 10:1-5). 여왕은 솔로몬을 찬양했다.

> 복되도다 당신의 사람들이여 복되도다 당신의 이 신하들이여 항상 당신 앞에 서서 당신의 지혜를 들음이로다 당신의 하나님 여호와를 송축할지로다 여호와께서 당신을 기뻐하사 이스라엘 왕위에 올리셨고 여호와께서 영원히 이스라엘을 사랑하시므로 당신을 세워 왕으로 삼아 정의와

공의를 행하게 하셨도다 하고

(열왕기상 10:8-9).

성경은 "온 세상 사람들이 다 **하나님께서 솔로몬의 마음에 주신** 지혜를 들으며 그의 얼굴을 보기 원하여"(열왕기상 10:24, 강조한 부분은 필자의 의도임)라고 말하고 있다. 솔로몬에게 있어 가장 두드러지는 점은 그가 소유했던 찬란한 부나 최고의 지혜가 아니었다.

이런 것들은 하나님으로부터 받은 선물이었기 때문이다. 솔로몬을 특별하게 만들었던 힘은 하나님의 백성을 하나님의 길로 성공적으로 인도하기 위해서는 하나님의 지혜가 필요하다는 사실을 깨닫고 있었다는 점이었다. 그는 처음부터 겸손하게 하나님의 도우심을 구했다. 또한 솔로몬은 신실한 청지기였다.

그는 하나님이 자기에게 주신 것을 이스라엘과 그에게 오는 모든 사람들과 기꺼이 나누어 가졌다.

솔로몬의 성품은 역사상 어느 누구와도 비교할 수 없다.

오늘날 솔로몬에게 주었던 기회가 다시 주어진다면 많은 사람들이 지혜와 재산을 모두 갖는 로또 당첨의 기회를 구할 것이다. 그러나 하나님이 하라고 하시는 일을 성취하기 위해 지혜를 원하는 사람은 거의 없으며 이스라엘이라는 나라가 풍성하게 확장되도록 하기 위해 하나님이 그들에게 주시는 것들을 기꺼이 관리하려 하는 사람도 거의 없다. 하나님, 우리에게 당신의 지혜와 방법이 필요함을 보여 주시옵소서!

기원전 538년, 오랜 시간의 바빌론과 페르시아 포로 생활 이후, 약 5만 명의 유대인들이 예루살렘으로 돌아가 유대인의 나라를 재건하기로 결정했다. 처음에 느헤미야는 유대로 돌아가지 않겠다고 했던 수천 명의 유대인들 중 한 사람이었다. 그는 페르시아의 왕 아닥사스다의 술따르는 관원으로서 수도 도시인 수사에서 높은 관직에 올랐다.

기원전 445년 느헤미야가 예루살렘의 히브리인들과 성벽에 대한 슬픈 이야기를 들었을 때 그는 자신의 조국을 섬기고 예루살렘을 재건하기 위해 페르시아 왕궁에서 누릴 수 있는 자신의 지위를 내려놓게 된다.[1] 느헤미야의 역할이 페르시아에서 영향력을 가졌던 때, 그와 같은 시대를 살았던 에스라는 학식 있는 선생이었고 율법에 정통한 학자였다. 이들은 함께 예루살렘과 유대 백성들을 재건하고 회복시켰다. 느헤미야는 전쟁과 폐허의 시기로부터 부서진 예루살렘 성이 회복될 때까지 이스라엘을 끌고 갔던 하나님의 짐을 졌던 자였다. 그렇다면 느헤미야의 성품은 어떠했는가?

이스라엘을 보호하고 경건한 삶을 회복시키는 사람

예루살렘을 둘러싸고 있던 성벽이 무너졌다는 소식을 들은 이후 3개월이 지나자 느헤미야의 얼굴에 부담감이 나타났다. 페르시아 왕은 느헤미야에게 물었다. "네가 병이 없거늘 어찌하여 얼굴에 수심이 있느냐 이는 필연 네 마음에 근심이 있음이로다"(느헤미야 2:2). 3개월 동안 부담을 느끼며 기도했고 오랜 시간 충성되게 왕을 섬겼기 때문에 느헤미야는 얼굴에 그늘이 져있는 이유를 들은 왕으로부터 호의적인 대답을 들을 수 있었다. 왕은 느헤미야에게 물었다. "그러면 네가 무엇을 원하느냐"(느헤미야 2:4).

느헤미야는 기도하고 나서 왕에게 요청했다. 이 요청에 대해 왕은 기꺼이 그렇게 해주겠다고 대답했다. 왕은 느헤미야에게 총애를 베풀고 예루살렘을 재건하기 위해 필요한 자재를 공급해 주는 일을 기뻐했다.

어떤 문제가 있을 때 그 문제를 지적하는 일에는 성품이 필요하지 않다. 그러나 그 문제를 보고 긍휼함을 느끼고 문제의 회복을 향한 전략적인 행동을 취하기 위해서는 이스라엘을 위한 하나님의 짐을 지고 갈 성품의 힘을 소유해야 한다. 느헤미야는 그런 사람이었다.

느헤미야는 필요한 것들이 무엇인지 조사했다. 그리고 함께 일할 사람들을 모았고 그들이 성공할 것이라고 자신했다(느헤미야 2:11-20 참조). 그는 이 일을 성취하기 위해 필요한 노동력을 조직했다(느헤미야 3장 참조). 그리고 실질적으로 이 일에 반대해 일어났던 상황에 대해서는 기도하며 현명하게 반응했다(느헤미야 4, 6장 참조). 그는 정치 영역을 올바르게 고쳐서 통치자들이 백성을 공정하게 다스리도록 만들었다(느헤미야 5:1-13 참조). 또한 그는 백성들이 전체적으로 더 나은 삶을 살도록 하기 위해 많은 부분 개인적인 희생을 치렀다(느헤미야 5:14-19 참조).

마침내 느헤미야는 예루살렘 성을 물리적으로 재건했을 뿐만 아니라 영적인 삶의 방식을 재건하는 데 기여함으로써 예루살렘에 살던 사람들이 하나님의 축복을 받을 수 있도록 했다. 오늘날 이스라엘 땅에서 그리고 다른 모든 나라들에서 이러한 사람이 필요하지 않은가!

느헤미야는 하나님께서 주셨던 고귀한 위치를 선지자적 통찰력을 갖고 바라보았다. 그리고 하나님께서 주신 페르시아 왕의 총애를 예루살렘의 회복을 위한 하나님의 짐을 지기 위한 도구로 사용했다.

아삽

아삽은 다윗 왕의 가장 우두머리 악사였다. 또한 아삽은 다윗이 언약궤 앞에서 정기적으로 하나님께 간구하고 감사를 올리고 하나님을 찬양하라는 일을 맡겼던 다른 사람들을 관리하는 자였다. 아삽은 테네시 내슈빌에 있는 몇 명의 내 친구들처럼 타악기 전문가였다(역대상 16:4-5 참조).

아삽의 아들들 중 몇 명은 예언사역을 맡았다. 그들은 비파와 수금과 제금 반주에 맞추어 예언했다(오 내가 그 곳에 있었다면 얼마나 좋았을까!). 그들은 모두 하나님을 위한 음악 분야에서 잘 훈련되어 있었고 능력이 뛰어났다(역대상 25:7). 아삽의 후손들은 음악적으로 재능이 있었는데 몇 년 후에 쓰인 에스라와 느헤미야서에 그렇게 언급되어 있다.

아삽이 남긴 유산과 삶의 방식은 그가 죽은 후 여러 세대를 거쳐 이어졌다. 기원전 444년 에스라와 느헤미야의 지시에 따라 예루살렘 성벽이 봉헌되었을 때 이스라엘은 아삽과 그의 후손들을 기억하며 예배만 드리는 전임 예배 사역자를 다시 재정했다(느헤미야 12:44-46 참조). 노래하는 사람들을 감독하는 일과 하나님을 찬양하는 노래와 하나님께 감사하는 찬양들을 만드는 일은 이스라엘이 하나의 나라를 이루고 그들 조상의 하나님께로 다시 돌아가는 변혁을 이루는 데 주요한 역할을 했다(느헤미야 12:27-47 참조).

아삽은 이스라엘을 위해 '수금과 비파' 사역을 보여 주었던 하나님의 짐꾼이었다. 아삽과 그의 예술가 후손들은 어떤 성품을 가지고 있었는가?

하나님의 임재를 좇았던 사람들

아삽의 노래들 중 한 곡이 시편 73편에 기록되어 있다. 아삽은 악한 자들이 성공하는 모습을 보며 그들을 질투했던 때에 대해 말하고 있다. 아삽은 자신의 마음이 비통했고 주 앞에서 '짐승'과 같았다고 말했다(시편 73:22 참조). 그는 하나님께 이렇게 부르짖었다.

"내가 내 마음을 깨끗하게 하며 내 손을 씻어 무죄하다 한 것이 실로 헛되도다"(시편 73:13). 그러고 나서 그는 주님의 집으로 들어갔을 때 자신이 깨달음을 얻게 되었음을 표현하고 있다. 아삽은 이렇게 고백한다. "내 육체와 마음은 쇠약하나 하나님은 내 마음의 반석이시요 영원한 분깃이시라"(시편 73:26). 그의 마지막 결단은 다음과 같다.

"하나님께 가까이 함이 내게 복이라 내가 주 여호와를 나의 피난처로 삼아 주의 모든 행적을 전파하리이다"(시편 73:28).

시편은 커다란 어려움을 당한 자의 상황과 비통함과 고난의 때에 하나님의 임재를 추구하는 모습을 표현하는 노래로 가득하다. 많은 시편 노래의 패턴은 다음과 같다. "나(또는 이스라엘)는 곤경에 처해 있습니다. 나는 포기하고 싶습니다. 나는 하나님께로 갑니다. 그분이 어떤 분이신지 깨닫습니다. 나는 하나님이 나를 도우시는 분이심을 믿습니다. 그리고 그분의 선하심으로 인해 그분을 찬양합니다."

아삽은 다윗처럼, 솔로몬처럼, 고라의 아들들처럼, 모세처럼, 여호수아, 느헤미야, 에스라처럼 이를 잘 이해하고 있었다.

오늘날 '수금과 비파'를 연주하는 일에 부르심을 받은 이들 또한 모두가 하나님의 임재를 갈망한다! 음악적인 부담을 지고 가는 사람들은 하나님의 임재가 삶의 고난의 무게를 끌고 갈 수 있는 능력을 준다는 사실을 잘 알고 있으며, 이 땅 가운데 하나님의 역사하심이 명백하게 나타나는 것을 바라본다.

성품은 끝까지 인내해야 한다

궁극적으로 성품은 매일 다가오는 일상적인 삶을 통해 시험된다. 삶의 상황이 편안할 때 편안한 성품이 된다. 또는 아삽의 예에서 보았듯이 '하나님의 임재' 로 인해 상황이 분명하게 드러나면서 평안을 가져올 때 편안한 성품이 된다. 반면, 삶이 요동치고 시험을 받을 때 성품을 잘 키워 나가기는 어려운 일처럼 보인다. 그러나 성품이 성숙하는 경우는 오직 하나님의 더 큰 은혜를 간구해야만 하는 기회가 나타날 때뿐이다. 바로 그 때 하나님의 능력으로 우리의 성품을 더욱 단련시킬지 아니면 육체의 소원대로 타락할지를 선택하는 기회를 얻게 된다. 수십 년 동안 이스라엘 백성의 불평을 견디며 그들을 위해 중보기도를 하던 모세는 성품을 잘 사용하지 못해서 약속의 땅으로 들어가지 못했다. 그는 육체의 소원에 굴복해 이스라엘 앞에서 하나님을 영화롭게 하지 못했다(민수기 20:1-12, 신명기 32:50-52 참조). 경주할 때 마지막 선이 보이는 상황에서 상을 받기에 조금 미치지 못한 것이었다!

솔로몬의 경우에도 그의 유명했던 지혜를 생각해 보면 그의 마음을 주님에게서 멀어지게 만들었던 이방 여인들이 그에게 다가갈 수 없었을 것이라고 생각된다. 그러나 그렇지 않았다. 이 영역에서 그의 육체는 성품을 이기고 말았다. 그 결과 솔로몬은 자신의 아들에게 약화된 유업을 물려줄 수밖에 없었다.

요점은 무엇인가? 당신 자신의 필요를 위해 짐을 지고 가는 성품을 얻으려고 해도 이는 오직 기도와 인내를 통해서만 이길 수 있는 매일의 싸움이다. 하물며 이스라엘의 짐을 지고 가도록 부르심을 받았다면 우리는 얼마나 많이 더 기도하고 인내해야 하는가? 그러나 하나님의 짐은 쉽고 그분의 멍에는 가벼움을 기억하라. 하나님은 우리의 여정 가운데 은혜를 주신다.

지난 몇 년 동안 아내와 나는 암 투병을 통해 '사망의 음침한 골짜기'를 걸어갔다. 그러나 우리는 은혜로 다른 면을 보게 되었고 하나님께서 우리와 함께 하심을 더욱 잘 알게 되었다. 나와 내 집에서 우리는 주님의 길을 선택했고 그분의 영광을 지고 가는 자가 되기 위해 필요한 성품을 가질 수 있도록 계속 부르짖을 것이다.

이번 장의 '말씀에 근거한 기도 연습'에서는 역사를 만든 자들이 일생 동안 했던 기도를 가지고 기도하게 될 것이다. 그들의 성품의 힘은 그들에게 이스라엘을 대신해 부르짖을 수 있는 은혜를 주었다. 그러나 이스라엘을 대표해서 이 기도를 하기 전에 나는 여러분들이 자신의 삶에서 강한 성품을 가질 수 있도록 간구하는 다음과 같은 기도를 하도록 초청하고 싶다.

하나님, 저는 당신의 짐을 지고 갈 성품을 갖고 싶습니다.

모세처럼 저도 하나님의 영광과 명성을 드러내는 종이 되고 싶습니다.

솔로몬처럼 지혜와 물질을 맡은 청지기가 되고 싶습니다.

느헤미야처럼 이스라엘을 보호하고 그들의 경건한 삶이 회복되도록 돕고 싶습니다.

아삽처럼 당신의 임재를 구하는 자가 되기를 원합니다.

이들의 성품을 제 삶에 엮어 주시옵소서.

그래서 제 삶을 향한 당신의 뜻대로 제가 이스라엘을 위한 짐을 지고 갈 수 있도록 하옵소서.

하나님, 저에게 힘을 주옵소서. 당신의 교회를 강하게 하옵소서.

예수아를 위해 이스라엘을 위해 그렇게 해주시옵소서. 아멘.

말씀에 근거한 기도 연습

하나님의 말씀으로 함께 기도하며 하나님의 짐을 지고 갈 수 있는 더욱 놀라운 성품을 키워 보자. 곧 당신은 이 책의 목적이 우리를 기도하게 만드는 것임을 알게 될 것이다!

모세의 말씀과 기도: 민수기 14:17-21

"이제 구하옵나니 이미 말씀하신 대로 주의 큰 권능을 나타내옵소서 이르시기를 여호와는 노하기를 더디하고 인자가 많아 죄악과 과실을 사하나 형벌 받을 자는 결단코 사하지 아니하고 아비의 죄악을 자식에게 갚아 삼사대까지 이르게 하리라 하셨나이다. 구하옵나니 주의 인자의 광대하심을 따라 이 백성의 죄악을 사하시되 애굽에서부터 지금까지 이 백성을 사하신 것 같이 사하옵소서. 여호와께서 가라사대 내가 네 말대로 사하노라 그러나 진실로 나의 사는 것과 여호와의 영광이 온 세계에 충만할 것으로 맹세하노니"

하나님 아버지, 당신께서는 노하기를 더디하시고 인자가 풍성하신 분이십니다. 당신께서는 당신의 백성의 죄를 용서하시는 분이십니다. 이스라엘은 당신의 유산입니다. 당신께서는 큰 손으로 그들을 구원하셨습니다. 당신은 그들을 애굽에서 데리고 나오시고 그들을 위해 커다란 기적을 행하셨습니다. 아브라함과 이삭과 야곱에게 하신 당신의 약속을 기억하소서. 당신 백성의 완악한 마음과 그들의 사악한 죄를 보지 마소서. 여호와의 이름을 위해 그들을 용서하소서. 당신 백성을 구원할 자들을 일으키소서. 이스라엘을 위해 생명을 바칠 자, 당신의 영광과 이름을 위한 열정을 가진 자들을 일으키소서. '예수아'의 이름을 온 땅에 알리고 온 땅에 당신의 영광이 가득하게 하소서. 아멘!

솔로몬의 말씀과 기도: 열왕기상 8:46-53

범죄치 아니하는 사람이 없사오니 저희가 주께 범죄함으로 주께서 저희에게 진노하사 저희를 적국에게 붙이시매 적국이 저희를 사로잡아 원근을 물론하고 적국의 땅으로 끌어간 후에 저희가 사로잡혀 간 땅에서 스스로 깨닫고 그 사로잡은 자의 땅에서 돌이켜 주께 간구하기를 우리가 범죄하여 패역을 행하며 악을 지었나이다 하며 자기를 사로잡아 간 적국의 땅에서 온 마음과 온 뜻으로 주께 돌아와서 주께서 그 열조에게 주신 땅 곧 주의 빼신 성과 내가 주의 이름을 위하여 건축한 전 있는 편을 향하여 주께 기도하거든 주는 계신 곳 하늘에서 저희 기도와 간구를 들으시고 저희의 일을 돌아보옵시며 주께 범죄한 백성을 용서하시며 주께 범한 그 모든 허물을 사하시고 저희를 사로잡아 간 자의 앞에서 저희로 불쌍히 여김을 얻게 하사 그 사람들로 저희를 불쌍히 여기게 하옵소서. 저희는 주께서 철 풀무 같은 애굽에서 인도하여 내신 주의 백성, 주의 산업이 됨이니이다. 원컨대 주는 눈을 들어 종의 간구함과 주의 백성 이스라엘의 간구함을 보시고 무릇 주께 부르짖는 대로 들으시옵소서 주 여호와여 주께서 우리 조상을 애굽에서 인도하여 내실 때에 주의 종 모세로 말씀하심 같이 주께서 세상 만민 가운데서 저희를 구별하여 주의 산업을 삼으셨나이다.

전지전능하신 영광의 아버지, 당신에게 부르짖습니다. 이스라엘 백성이 온 마음과 온뜻으로 당신에게 돌아오도록 해주시옵소서. 그들의 기도를 들으시고 그들의 변명을 들어 주시옵소서. 당신에게 범죄했던 백성의 죄를 용서하시고 당신에게 대적해 패역했던 범죄들을 모두 쓸어 주시옵소서. 그들이 이 땅 가운데 긍휼을 받게 해주소서. 당신의 백성 이스라엘에게 당신의 눈을 열어 주시고 그들이 당신에게 부르짖을 때마다 귀를 기울여 주시옵소서. 예수아가 영광받으시도록 그리고 이스라엘이 하나님의 유업을 완성할 수 있도록 기도 드립니다. 아멘.

느헤미야의 말씀과 기도: 느헤미야 1:5–11

가로되 하늘의 하나님 여호와 크고 두려우신 하나님이여 주를 사랑하고 주의 계명을 지키는 자에게 언약을 지키시며 긍휼을 베푸시는 주여 간구하나이다. 이제 종이 주의 종 이스라엘 자손을 위하여 주야로 기도하오며 이스라엘 자손의 주 앞에 범죄함을 자복하오니 주는 귀를 기울이시며 눈을 여시사 종의 기도를 들으시옵소서 나와 나의 아비 집이 범죄하여 주를 향하여 심히 악을 행하여 주의 종 모세에게 주께서 명하신 계명과 율례와 규례를 지키지 아니하였나이다. 옛적에 주께서 주의 종 모세에게 명하여 가라사대 만일 너희가 범죄하면 내가 너희를 열국 중에 흩을것이요 만일 내게로 돌아와서 내 계명을 지켜 행하면 너희 쫓긴 자가 하늘 끝에 있을지라도 내가 거기서부터 모아 내 이름을 두려고 택한 곳에 돌아오게 하리라 하신 말씀을 이제 청컨대 기억하옵소서. 이들은 주께서 일찍 큰 권능과 강한 손으로 구속하신 주의 종이요 주의 백성이니이다. 주여 구하오니 귀를 기울이사 종의 기도와 주의 이름을 경외하기를 기뻐하는 종들의 기도를 들으시고 오늘날 종으로 형통하여 이 사람 앞에서 은혜를 입게 하옵소서 하였나니 그 때에 내가 왕의 술 관원이 되었었느니라.

하나님, 당신은 크고 두려우신 하늘의 하나님이십니다. 당신은 당신을 사랑하고 계명을 지키는 자에게는 언약을 지키시고 사랑을 베푸십니다. 그러나 우리는 범죄했고 당신에게 성실하지 않았습니다. 이스라엘은 당신에게 패역하게 행했고 당신의 계명을 지키지 않았습니다. 당신의 백성이 당신에게 돌아오게 하시고 당신의 계명을 성실하게 지키게 하소서. 이 땅의 가장 먼 곳으로부터 그들을 모으시겠다는 당신의 약속을 기억나게 하시고 당신의 이름을 위해 당신이 택하여 살게 하신 땅으로 그들을 데려 오소서. 옛적에 그렇게 하신 것처럼 이스라엘을 위해 당신의 모습을 강력하게 드러내소서. 당신의 전능한 능력으로 그들을 이끌어 내소서. 당신의 이름을 경외하는 느헤미야와 같은 사람들을 일으키소서. 무너진 예루살렘을 재건할 수 있도록 하나님께서 그들에게 주신 권위를 사용할 수 있게 하소서. 각 정부의 수장들 앞에서 그들이 긍휼함을 입게 하시고 하나님의 나라를 위해 그들이 성공할 수 있도록 하소서. 아멘.

아삽의 말씀과 기도: 시편 44:4-8, 26, 80:2, 18-19

하나님이여 주는 나의 왕이시니 야곱에게 구원을 베푸소서
우리가 주를 의지하여 우리 대적을 누르고 우리를 치려 일어나는 자들 주의 이름으로 밟으리이다
나는 내 활을 의지하지 아니할 것이라 내 칼도 나를 구원치 못하리이다
오직 주께서 우리를 우리 대적에게서 구원하시고 우리를 미워하는 자로 수치를 당케 하셨나이다

우리가 종일 하나님으로 자랑하였나이다 우리가 하나님의 이름을 영영 히 감사하리이다

일어나 우리를 도우소서 주의 인자하심을 인하여 우리를 구속하소서

에브라임과 베냐민과 므낫세 앞에서 주의 용력을 내사 우리를 구원하러 오소서

그러하면 우리가 주에게서 물러가지 아니하오리니 우리를 소생케 하소서 우리가 주의 이름을 부르리이다

만군의 하나님 여호와여 우리를 돌이키시고 주의 얼굴빛을 비취소서 우리가 구원을 얻으리이다

이스라엘의 하나님, 여호와여, 당신은 나의 왕이십니다. 이스라엘에 승리를 명하소서. 이스라엘의 대적을 누르소서. 당신의 백성을 대적하여 일어나는 자들을 밟으소서. 이스라엘이 자기 자신의 능력이나 지혜 또는 자기 자신의 어떤 것도 신뢰하지 않게 하소서. 오직 주님, 아브라함과 이삭과 야곱의 전능하신 하나님, 당신만 의지하게 하소서. 이스라엘을 모든 대적으로부터 구하소서. 이스라엘을 미워하는 모든 자들로 수치를 당케 하소서. 하나님, 당신께서 이스라엘의 자랑이 되시며 당신의 백성이 당신의 이름을 영원히 찬양하고 감사하게 하소서. 일어나소서. 그들을 도우소서. 하나님의 인애로 인해 대적들이 당신의 백성을 향해 저주했던 모든 악한 것들이 되돌려지게 하소서. 당신의 백성을 소생시키사 그들이 하나님의 크신 이름을 부르짖게 하소서. 당신의 백성을 회복시키시고 다시 한번 당신의 얼굴을 그들

에게 비추소서. 하나님의 크신 이름을 위하여 그렇게 하소서. 아멘.

지금도 예수님은 신뢰할 만한 짐꾼을 찾고 계신다

예수님이 가고 싶어 하는 곳으로 그분을 태우고 갈 짐꾼이 필요하시다. 종려주일에 예수님을 예루살렘으로 태우고 갔던 나귀와 같이 그분의 재림을 준비하며 예수님의 마음을 예루살렘으로 지고 갈 짐꾼을 예수님은 또 다시 찾고 계신다. 당신이 그 짐꾼이 되고자 하는가?

여기 좋은 소식이 있다. 모든 이스라엘은 그들의 메시아를 보게 될 것이다. 그리고 우리는 이 일이 일어나는 것을 바라보는 하나님의 작은 조력자가 될 수 있다! 하나님은 우리 안에 하나님의 심장과 함께 고동치는 심장을 만들고 싶어 하신다.

다음 장에서는 이스라엘을 위한 중보기도자 네 명에 대해 다루며 그들의 심정에 대해 자세히 살펴볼 것이다. 그리고 하나님의 임재를 가져오기 위해 그리고 우리의 삶을 향한 그분의 소명을 성취하기 위해 필요한 것이 무엇인지를 알아보자.

● 묵상 질문

1. 하나님의 짐을 진다는 것은 무슨 뜻인가?

2. 모세가 보여 주었던 성품 중에서 우리가 본받아야 할 성품은 어떤 것인가?

3. 장기적으로 효과를 얻기 위해 당신의 삶에서 계발되어야 할 성품의 영역은 어떤 영역인가?

● 참고 서적

Goll, Jim W. *Kneeling on the Promises*. Grand Rapids, Mich.: Chosen Books, 1999.

Alves, Elizabeth. *Discovering Your Prayer Power*. Ventura, Calif.: Regal Books, 2001.

3

이와 같은 마음

다윗을 왕으로 세우시고 증언하여 이르시되
내가 이새의 아들 다윗을 만나니
내 마음에 맞는 사람이라 내 뜻을 다 이루리라 하시더니
(사도행전 13:22)

내 인생의 목표는 다윗이 그랬던 것처럼 하나님과 같은 마음을 갖는 것이다. 양을 치는 목동이었던 다윗은 선지자적인 시편기자였으며 나중에 왕이 되는 인물이다. 성령님께서 당신이 하나님과 같은 마음을 가졌다고 말씀하시며 당신의 인생에서 유업을 이루어 가시는 것을 바라본다면 얼마나 멋지겠는가? 굉장한 일일 것이다!

나는 은혜로 하나님을 열심히 따랐던 다윗과 같은 열정적인 심령

을 갖고 싶다. 전사이자, 선지자이자 제사장이자 왕이었던 다윗은 하나님 안에서 회복되는 복원력을 갖고 있었다. 그는 커다란 실수를 저질렀지만 하나님 아버지의 흘러넘치는 사랑을 알았다. 다윗이야말로 진정한 '돌아온 탕자'라 부를 수 있을 것이다! 그러나 다윗은 여호와의 절실한 계시 그 이상의 것을 지고 갔다. 그 또한 예루살렘과 이스라엘을 위한 하나님의 심령을 지고 갔던 짐꾼이었다. 내 친구 마이크 비클은 수년간 이렇게 말했다. "내 인생의 목표는 하나님을 경배하는 자 그리고 사람들을 구원하는 자가 되는 것이다."

하나님, 우리에게 이와 같은 전심을 다하는 마음을 주시옵소서!

앞 장에 이어 각 세대에서 이스라엘의 소명을 이루기 위해 하나님의 심령을 지고 갔던 사람들을 살펴보려고 한다. 이는 물론 그 자체로 매우 중요한 일이지만 단지 정확하게 기도하고 올바른 지식을 얻는 것 그 이상임을 이해하기 바란다. 다시 말해 이 일은 은사를 얻고 부르심을 받는 일 그 이상이다. 시절이 좋을 때나 나쁠 때나 진정으로 이스라엘이라는 짐을 지고 갔던 사람들이 그렇게 할 수 있었던 이유는 그들이 이스라엘의 하나님과 관계를 형성했기 때문이었다. 그렇다. 이 은사를 지고 가기 위해서는 성품이 필요하다. 그러므로 당신의 여정에서 스스로를 지속시키기 위해서는 그들과 같은 심령을 가져야 할 것이다.

이제 하나님의 목적을 성취했던 짐꾼들 네 명의 삶을 좀더 탐구해보고자 한다.

내가 개인적으로 가장 많이 관련짓는 네 명의 선지자인 요엘과 이사야, 예레미야 그리고 다니엘의 삶을 바라보면서 지혜를 모아 보도록 하자.

요엘

아달랴는 다윗 왕과 메시아의 혈통을 거의 성공적으로 제거했던 사악한 여왕이었다. 그녀는 잔인하게도 단 한 명을 제외하고 다윗의 왕위를 물려받을 후계자들을 모두 죽였다. 그러나 열일곱 살에 왕이 될 때까지 숨겨져서 보살핌을 받았던 요아스만은 찾을 수 없었다. 요아스는 40년 동안 의롭게 통치했으며 하나님의 성전을 보수했고 예루살렘에서 여호와를 경배하는 일을 회복시켰다(열왕기하 12장 참조).

요엘은 요아스의 통치기에 살았던 선지자였다. 요엘은 예루살렘에 대해 예언했고 솔로몬의 성전과 제사장들이 있던 남 유다에 대해 예언했다.[1] 요엘의 외침은 겸손함과 회개에 대한 것이었다. 심판과 멸망의 때가 가까워지고 있었기 때문이었다. 요엘은 또한 하나님의 이름을 부르는 자들에게 소망과 구원의 메시지를 전했다.

소망과 빛을 주는 자

이스라엘 땅의 황폐함을 본 요엘은 백성들이 울부짖고, 슬퍼하고, 울고, 애통하고, 통회하도록 마음속 깊은 곳으로부터 부르짖었다. 요엘은 이렇게 선포했다. "너희는 금식일을 인정하고 성회를 소집하여 장로들과 이 땅의 모든 주민들을 너희 하나님 여호와의 성전으로 모으고 여호와께 부르짖을지어다"(요엘 1:14). 요엘은 그가 보는 광경에 대해 슬퍼했다. 그래서 그는 즉시 겸손함으로 반응했고 이는 금식과 기도와 절제의 모습으로 나타났다. 정확하게 하나님이 요구했던 것이었다.

하나님의 이러한 부르심은 요엘을 통해 거룩한 성회와 회개 집회를 갖도록 계시되었다. "여호와의 말씀에 너희는 이제라도 금식하고 울며 애통하고 마음을 다하여 내게로 돌아오라 하셨나니 너희는 옷을 찢지 말고 마음을 찢고"(요엘 2:12-13상). 백성들에게 겸허한 마음을 갖도록 요구했던 요엘은 자신이 먼저 마음으로부터 진정으로 겸손하게 나아갔던 사람이었음을 강조하고 싶다. 요엘이 가장 먼저 전했던 말씀이 "마음을 다하여 내게로 돌아오라"였음을 놓치지 말라.

요엘의 겸손함은 하나님의 성품 안에서 갖는 소망으로 인해 더욱 능력을 갖게 되었다. 요엘은 백성들에게 이렇게 격려했다. "너희 하나님 여호와께로 돌아올지어다. 그는 은혜로우시며 자비로우시며 노하기를 더디하시며 인애가 크시사 뜻을 돌이켜 재앙을 내리지 아니하시나니"(요엘 2:13). 하나님의 백성을 대표하는 요엘의 소망은 하나님의 성품뿐만 아니라 하나님의 능력에 있었다.

요엘은 하나님께서 잃어버렸던 모든 것을 회복시키실 것이라고 예언했다. 모든 이스라엘이 수치에서 벗어나고 하나님이 이스라엘

안에 계시며 그분이 모든 인생에게 그분의 영을 부어 주실 때가 올 것이라고 예언했다(요엘 2:21-29 참조). 요엘서의 마지막 말씀들은 공의와 소망에 대한 말씀이다.

이러한 겸손함과 소망은 이스라엘을 위한 짐을 지고 갈 사람들에게는 필수적인 성품이다. 요엘 이후 60년을 살았던 호세아 또한 겸손과 소망을 모두 가지고 있었던 선지자였다. 호세아는 하나님께로 돌아오라고 외치면서 이렇게 말했다. "여호와께서 우리를 찢으셨으나 도로 낫게 하실 것이요 우리를 치셨으나 싸매어 주실 것임이라"(호세아 6:1). 요엘의 삶은 온전한 회복에 대한 소망과 함께 극단적인 겸손함에 대해 잘 나타내고 있다.

이사야

'이사야'라는 이름은 '여호와는 구원이시다'라는 뜻이다. 이사야 선지자 또한 요엘처럼 이스라엘의 백성들과 지도자들이 하나님께 대적했던 죄를 회개하라고 외쳤다. 그리고 또한 하나님께서 그분의 백성을 이끌어 내셨던 구원에 대해 지적했다. 이사야는 높은 수준의 교육을 받았던 연설가였으며 국제 정세에 대한 지식이 많았고 유다의 왕족 지도체제를 잘 알고 있었다.[2] 이사야 생전에 통치했던 왕들은 요담, 아하스, 웃시야 그리고 므낫세가 있다(열왕기하 15-21장 참조).

구약의 전형적인 선지자의 모습은 요나가 니느웨에 대해 말했던 것처럼 사악함으로 인해 멸망과 최후의 심판이 임박했음을 예언하는 것이다. 성경은 요나가 하나님의 자비의 마음을 알았지만 하나님께서 니느웨에 자비를 베푸시는 것은 원치 않았다고 말하고 있다. 그러나 이사야는 완전히 다른 모습의 선지자였다. 이스라엘의 짐을 지고 갈 수 있도록 만들었던 이사야만의 독특한 점은 그가 이스라엘과 열방을 향한 하나님의 자비와 긍휼을 이해하고 있었다는 것이었다. 이사야는 하나님께서는 언약을 지키시는 분이시며 그분은 아브라함과 그의 자손들에게 했던 약속을 지키실 것이라는 계시를 받았다.

자비함으로 오실 메시아를 선포하는 자

구약의 모든 선지자들 중 이사야는 아마도 오실 메시아에 대해 가장 완전한 그림을 가지고 있었던 것 같다. 이사야는 메시아께서는 기묘자, 모사, 전능하신 하나님, 영존하시는 아버지, 평강의 왕으로 불릴 것이라고 예언했다(이사야 9:6 참조). 또한 이사야는 메시아께서 겪으실 커다란 수난을 보았고 이사야 53장 4-5절에서 이를 묘사했다.

> 그는 실로 우리의 질고를 지고 우리의 슬픔을 당하였거늘 우리는 생각하기를 그는 징벌을 받아 하나님께 맞으며 고난을 당한다 하였노라. 그가 찔림은 우리의 허물 때문이요 그가 상함은 우리의 죄악 때문이라 그

가 징계를 받으므로 우리는 평화를 누리고 그가 채찍에 맞으므로 우리는 나음을 받았도다.

메시아이신 예수아(*Yeshua*)와 그분의 커다란 희생에 대해 말하고 있는 이 계시는 이사야가 이스라엘을 대신해 하나님께 자비를 구하며 부르짖도록 만들었다. 그는 이렇게 선포했다.

나는 시온의 의가 빛같이, 예루살렘의 구원이 횃불같이 나타나도록
시온을 위하여 잠잠하지 아니하며 예루살렘을 위하여 쉬지 아니할 것인
즉 이방 나라들이 네 공의를, 뭇 왕이 다 네 영광을 볼 것이요
너는 여호와의 입으로 정하실 새 이름으로 일컬음이 될 것이며
(이사야 62:1-2).

이사야는 하나님께서 왜 더 이상 자비를 베푸실 수 없는지 그 이유를 잘 알고 있었다. 그러나 그는 또한 하나님을 아버지라 알고 있었기 때문에 그분의 자비와 도움을 구하며 부르짖었다. 이사야 64장 5-9절에서 우리는 이사야의 변화 과정을 알 수 있다. 5-7절에서 이사야는 이스라엘이 하나님 앞에서 커다란 죄를 지었음을 인정하고 있다. 그러고 나서 8절에서 이사야는 이렇게 쓰고 있다. "그러나 여호와여, 이제 주는 우리 아버지시니이다. 우리는 진흙이요 주는 토기장이시니 우리는 다 주의 손으로 지으신 것이니이다"(이사야 64:8). 9절

에서는 하나님의 자비를 구하며 부르짖는다. "여호와여, 너무 분노하지 마시오며 죄악을 영원히 기억하지 마시옵소서 구하오니 보시옵소서 보시옵소서 우리는 다 주의 백성이니이다"(이사야 64:9).

우리는 선지자 요나의 마음을 따라 기도하지 말자. 우리는 기도의 모델을 삼을 때 선지자 이사야의 심령을 따라 기도하자. 이사야가 자비의 심령을 가질 수 있었던 이유는 양같이 제 갈 길을 가지 않고 그릇된 길로 방황하는 모든 자를 구원하기 위해 메시아를 보내시는 분이 바로 하나님이심을 잘 알고 있었기 때문이었다.

선지자였던 이사야는 오실 메시아에 대해 아주 약간의 부분적인 것만 알고 있었지만 하나님의 짐꾼으로서 자비의 마음을 확장시켰던 인물이었다. 이제 우리는 그 어느 누구보다 하나님의 자비하심을 구하며 하나님께 울부짖을 수 있다. 왜냐면 우리는 이사야가 알고 있었던 것보다 더 위대한 언약의 중재자이신 한 분을 알고 있기 때문이다(히브리서 8:6 참조).

예레미야

예레미야는 예루살렘에서 북동쪽으로 3마일 떨어진 아나돗이라는 마을에서 성장했다.[3] 요시야 왕 13년(기원전 627년), 스무 살이 된 예레미야는 예언을 하도록 하나님께 부르심을 받았다. 그와 동시대인물들로는 나훔, 스바냐, 하박국, 다니엘, 에스겔이 있다.[4] 그는 예레미야서와 함께 예루살렘과 하나님의 성전의 멸망에 대한 슬픔을 표현하는 눈물어린 예레미야 애가를 지었다. 그래서 예레미야는 '눈물의 선지자' 라고 언급된다.

나는 자주 나 자신이 현대의 예레미야처럼 느껴진다. 하나님의 임재 앞에 나아갈 때, 마지막 날의 이스라엘과 교회를 향한 하나님의 열정적인 심령 속으로 더욱 깊이 들어갈 때, 나는 그분의 백성들의 모습에 대해 자주 눈물(고통의 눈물이 아닌)을 흘린다. 성령님께서는 오늘날에도 많은 '눈물의 예레미야', 하나님과 같은 심령을 가진 사람들을 일으키고 계신다.

눈물로 끝까지 인내하며 살아남은 자

예레미야 애가 3장 49-51절, 55-58절은 다음과 같이 말하고 있다.

> 내 눈에 흐르는 눈물이 그치지 아니하고 쉬지 아니함이여
> 여호와께서 하늘에서 살피시고 돌아보실 때까지니라
> 나의 성읍의 모든 여자들을 내 눈으로 보니 내 심령이 상하는도다…
> 여호와여 내가 심히 깊은 구덩이에서 주의 이름을 불렀나이다
> 주께서 이미 나의 음성을 들으셨사오니 이제 나의 탄식과 부르짖음에
> 주의 귀를 가리지 마옵소서
> 내가 주께 아뢴 날에 주께서 내게 가까이 하여 이르시되 두려워하지 말

라 하셨나이다

주여 주께서 내 심령의 원통함을 풀어 주셨고 내 생명을 속량하셨나이다

예레미야는 많은 고난을 견뎠다. 그는 끌려가서 매 맞았고, 옥에 갇혔으며, 거짓 고소를 당했고, 물웅덩이에 던져져 깊은 수렁에 빠졌다. 그는 거의 죽을 지경이었으며 거짓 선지자들에게 모함을 당했다. 또한 그는 불순종과 저항과 냉대를 견뎌야 했고, 예루살렘이 정복당하고 약탈당하는 모습을 아주 가까이서 목격했다. 그는 선지자가 겪어야 했던 일들 중에서도 가장 큰 감정적인 골짜기를 지나야 했다.[5]

예레미야는 계속해서 인내했으며 하나님의 말씀을 들었다. 그리고 그는 하나님의 백성들에게 그분의 말씀을 성실하게 전했으며 이스라엘을 대신해서 하나님께 간구했다. 예레미야에게는 이스라엘을 위해 자신의 무거운 사명을 지고 가야겠다는 강력한 결단이 있었음에 틀림없다.

예레미야가 인내했던 종류의 고난과 저항은 보통은 분노와 비통함, 적개심을 가져오고 마음을 딱딱하게 만들고 만다. 그러나 이 모든 일들을 겪는 동안 이스라엘 땅과 민족의 형편에 대한 예레미야의 눈물은 강을 이루었다. 예레미야는 비록 이스라엘이 범죄하는 것에 대해 화가 났지만 마음만은 하나님의 백성들에 대한 하나님의 긍휼하심으로 가득 차 있었다.

하나님, 우리에게도 예레미야와 같은 마음을 주소서!

다니엘은 요시아 왕이 통치하던 시기에 태어났으며 바벨론인들이 그를 인질로 끌고 갔을 때 겨우 10대 소년이었다. 느부갓네살 왕은 "흠이 없고 용모가 아름다우며 모든 지혜를 통찰하며 지식에 통달하며 학문에 익숙하며 왕궁에 설 만한 소년을 데려와 왕 앞에 설 수 있도록 특별 훈련을 시키라"고 명령했다(다니엘 1:4-5 참조). 다니엘은 이 설명에 딱 맞아떨어지는 자였다.

하나님은 다니엘에게 모든 학문에 통달한 지식과 명철을 주셨고 지혜를 주셔서 모든 이상과 꿈을 이해할 수 있게 하셨다. 왕은 다니엘이 온 나라의 박수와 술객보다 열 배 더 나은 줄 알게 되었다(다니엘 1:17-20 참조). 다니엘은 성실하고 탁월하게 왕을 섬겼고 바벨론과 메데 페르시안 통치자들 아래에서 60년 이상 정치적 지도력을 풍성하게 발휘했다.[6] 또한 다니엘의 영적 탁월함은 그가 이스라엘을 향한 하나님의 마음을 전하는 자로 서게 했다. 그리고 이방 왕에게 포로로 잡혀 있는 동안에도 불구하고 이스라엘의 미래에 대한 예언적 통찰력을 받을 수 있도록 해주었다.

탁월함과 예언적 통찰력을 갖춘 자

메데 왕 다리오가 통치하던 시기에 왕은 전체 왕국을 다스리기 위해 세 명의 최고 총리를 임명했는데 그 중의 한 명이 다니엘이었다. 성경은 다음과 같이 기록하고 있다.

> 다니엘은 마음이 민첩하여 총리들과 고관들 위에 뛰어나므로 왕이 그를 세워 전국을 다스리게 하고자 한지라 (다니엘 6:3).

다른 총리들과 고관들은 이를 싫어했다. "국사에 대하여 다니엘을 고발할 근거를 찾고자 하였으나…그가 충성되어 아무 그릇됨도 없고 아무 허물도 없음이었더라" (다니엘 6:4).

얼마나 놀라운 증언인가! 비록 질투에 가득한 동료들이 다니엘을 궁지에 몰아넣어 사자굴에 던져 넣었지만 하나님은 그를 기적적으로 구원하셨다. 그는 "다리오 왕의 시대와 바사 사람 고레스 왕의 시대에 형통하였다" (다니엘 6:28). 다니엘의 영적 탁월함은 그가 다리오 왕과 다른 영향력 있는 통치자들 앞에서 이스라엘의 하나님을 대표할 수 있게 함으로써 이스라엘을 위해 짐을 지는 자가 되도록 해주었다.

다리오 왕의 통치 원년에 다니엘은 예레미야서를 연구하고 있었다. 예레미야에게 주신 하나님의 말씀을 읽은 다니엘은 이렇게 썼다. "내가 금식하며 베옷을 입고 재를 덮어쓰고 주 하나님께 기도하며 간구하기를 결심하고" (다니엘 9:3). 이 기도의 시간 동안 가브리엘 천사가 다니엘에게 이스라엘 민족과 예루살렘에 대한 지혜와 총명을 주려고 나타났다(다니엘 9:21-27 참조). 하나님은 다니엘에게 미래에 대한 예언적 통찰력을 더해 주셨다. 이들 중 많은 부분이 역사에서 정확하게 성취되었다.

다니엘의 영적 탁월함은 하나님의 선지적 통찰력과 조화를 이루었다. 따라서 그는 이스라엘 민족이 포로로 잡혀 있던 기간 동안 이스라엘을 위해 짐꾼이 될 수 있었다. 다니엘은 수십 년 동안 신실했던 사람이었다. 그리고 그는 자신이 섬겼던 왕들과 이스라엘과 그가 생을 마감한 이후 수 세기 동안 이 땅에 살고 있는 많은 사람들에게 선지자적 통찰력을 나타내고 있다.

내가 다니엘을 생각하며 내 마음속에서 부르짖는 소리는 이것이다. '주님, 지금 새로운 다니엘들을 일으키소서! 하나님의 말씀을 왕들과 대통령들에게 말하라고 맡길 수 있는 자들을 일으키소서. 하나님과 같은 심령과 영적 탁월함을 가진 자들을 일으키소서!'

이번 3장의 '말씀에 근거한 기도 연습'에서는 역사를 만들었던 사람들 중 이 두 번째 그룹의 사람들이 그들의 일생동안 했던 예언적인 기도들을 통해 기노해 보겠디. 그듬의 마음이 남들과 달랐었기 때문에 그들은 이스라엘을 대신해서 울부짖을 수 있는 은혜를 받았다. 따라서 이스라엘을 대신해 다음과 같은 기도를 드리기 전에 하나님께서 당신에게도 그들과 같은 심령을 주시도록 간구하기를 바란다. 그렇게 될 때, 오직 그렇게 될 때만이 당신의 마음이 이스라엘을 위한 진정한 짐꾼이 될 것이다.

하나님, 저에게 그들과 같은 마음을 주십시오.

하나님, 저는 당신의 짐을 지고 갈 수 있는 은혜가 필요합니다.
요엘과 같이 희망과 빛을 주는 자가 되기를 원합니다.
이사야와 같이 메시아의 오심을 자비로운 심령으로 선포하는 자가 되게 하소서.
예레미야와 같이 끝까지 눈물로 견디고 살아 남는 자가 되게 하소서.
다니엘과 같이 예언적 통찰력을 지닌 탁월한 자가 되게 하소서.

이 성품들을 제 마음속에 엮어 주소서.
그래서 저 또한 이스라엘을 위한 짐을 지고 갈 수 있게 하소서.
주님, 나를 강하게 하소서. 그리스도의 몸을 강하게 하소서.
예수아를 위해 그리고 이스라엘을 위해,
저에게 그들과 같은 심령을 주소서. 아멘.

말씀에 근거한 기도 연습

우리가 지고 갈 짐에 알맞은 영적 이해와 성품을 달라고 기도할 준비가 되었는가? 그렇다면 이제 나와 함께 다음과 같은 말씀에 근거한 기도를 올려드리자.

요엘의 말씀과 기도: 요엘 2:12-14, 17, 27, 3:16-18

여호와의 말씀에

너희는 이제라도 금식하고 울며 애통하고 마음을 다하여 내게로 돌아오라 하셨나니

너희는 옷을 찢지 말고 마음을 찢고 너희 하나님 여호와께로 돌아올지어다.

그는 은혜로우시며 자비로우시며 노하기를 더디하시며

인애가 크시사 뜻을 돌이켜 재앙을 내리지 아니하시나니

주께서 혹시 마음과 뜻을 돌이키시고 그 뒤에 복을 내리사

너희 하나님 여호와께 소제와 전제를 드리게 하지 아니하실는지 누가 알겠느냐

…

여호와를 섬기는 제사장들은 낭실과 제단 사이에서 울며 이르기를

여호와여 주의 백성을 불쌍히 여기소서

주의 기업을 욕되게 하여 나라들로 그들을 관할하지 못하게 하옵소서

어찌하여 이방인으로 그들의 하나님이 어디 있느냐 말하게 하겠나이까 할지어다

…

그런즉 내가 이스라엘 가운데에 있어

너희 하나님 여호와가 되고 다른 이가 없는 줄을 너희가 알 것이라

내 백성이 영원히 수치를 당하지 아니하리로다

여호와께서 시온에서 부르짖고 예루살렘에서 목소리를 내시리니

하늘과 땅이 진동하리로다

그러나 여호와께서 그의 백성의 피난처, 이스라엘 자손의 산성이 되시리로다

그런즉 너희가 나는 내 성산 시온에 사는 너희 하나님 여호와인 줄 알 것이라

예루살렘이 거룩하리니

다시는 이방 사람이 그 가운데로 통행하지 못하리로다

그 날에 산들이 단 포도주를 떨어뜨릴 것이며 작은 산들이 젖을 흘릴 것이며

유다 모든 시내가 물을 흘릴 것이며

여호와의 성전에서 샘이 흘러 나와서 싯딤 골짜기에 대리라

은혜로우신 하나님 아버지 이스라엘 백성이 전심으로 당신께 돌아오기를 간구합니다. 그들에게 진정으로 애통하는 마음과 회개하는 마음을 부어주소서. 은혜가 많으시고 긍휼하시며 노하기를 더디하시고 인자가 풍성하신 하나님께서 나타나시옵소서. 오 주님 당신의 백성을 구하소서. 당신의 기업인 이스라엘이 열방 가운데 수치를 당하지 않게 하소서. 이스라엘의 모든 수치를 제거하소서. 주님, 시온에서 큰 소리를 내소서. 당신의 음성이 예루살렘에 들리게 하소서. 이스라엘로 당신이 그들 가운데 있음을 알게 하소서. 그들이 눈을 떠서 당신만이 여호와 하나님이시며 다른 이가 없음을 알게 하소서. 당신의 백성의 피난처가 되시고 산성이 되소서. 그들이 그들 조

상의 하나님인 당신 안에서 빛과 소망을 볼 수 있게 하소서. 예수아로 인해 예루살렘을 거룩하게 하실 하나님, 감사합니다. 아멘.

이사야의 말씀과 기도 : 이사야 63:15-17, 64:1-2, 4-9

주여 하늘에서 굽어 살피시며 주의 거룩하고 영화로운 처소에서 보옵소서.

주의 열성과 주의 능하신 행동이 이제 어디 있나이까.

주께서 베푸시던 간곡한 자비와 사랑이 내게 그쳤나이다.

주는 우리 아버지시라 아브라함은 우리를 모르고 이스라엘은 우리를 인정하지 아니할지라도 여호와여 주는 우리의 아버지시라.

옛날부터 주의 이름을 우리의 구속자라 하셨거늘 여호와여 어찌하여 우리로 주의 길에서 떠나게 하시며 우리의 마음을 완고하게 하사 주를 경외하지 않게 하시나이까.

원하건대 주의 종들 곧 주의 기업인 지파들을 위하사 돌아오시옵소서.

원하건대 주는 하늘을 가르고 강림하시고 주 앞에서 산들이 진동하기를 불이 섶을 사르며 불이 물을 끓임 같게 하사 주의 원수들이 주의 이름을 알게 하시며 이방 나라들로 주 앞에서 떨게 하옵소서…

주 외에는 자기를 앙망하는 자를 위하여 이런 일을 행한 신을 예부터 들은 자도 없고 귀로 들은 자도 없고 눈으로 본 자도 없었나이다.

주께서 기쁘게 공의를 행하는 자와 주의 길에서 주를 기억하는 자를 선대하시거늘 우리가 범죄하므로 주께서 진노하셨사오며 이 현상이 이미 오래 되었사오니 우리가 어찌 구원을 얻을 수 있으리이까.

무릇 우리는 다 부정한 자 같아서 우리의 의는 다 더러운 옷 같으며 우리는 다 잎사귀같이 시들므로 우리의 죄악이 바람같이 우리를 몰아가니이다.

주의 이름을 부르는 자가 없으며 스스로 분발하여 주를 붙잡는 자가 없사오니 이는 주께서 우리에게 얼굴을 숨기시며 우리의 죄악으로 말미암아 우리가 소멸되게 하셨음이니이다.

그러나 여호와여, 이제 주는 우리 아버지시니이다. 우리는 진흙이요, 주는 토기장이시니 우리는 다 주의 손으로 지으신 것이니이다.

여호와여, 너무 분노하지 마시오며 죄악을 영원히 기억하지 마시옵소서. 구하오니 보시옵소서 우리는 다 주의 백성이니이다.

주, 이스라엘의 하나님, 당신은 우리의 아버지십니다. 당신은 이스라엘의 구원자이십니다. 당신의 열정과 능하신 역사를 부어 주소서. 당신의 마음의 괴로움과 긍휼하심을 이스라엘을 향해 마음껏 흘려보내 주옵소서. 천국이 이 땅에 임하게 하소서. 능력으로 임하소서. 하늘을 뒤흔들고 당신의 이름이 대적들에게 알려지게 하사 열방이 당신의 임재 앞에 떨게 하소서. 하나님, 당신과 같은 분은 없습니다! 성령을 부으사 당신의 백성이 일어나게 하셔서 당신을 붙들게 하소서. 이스라엘에 당신의 얼굴을 보이시고 그들을 대적들의 능력에서 구하소서. 이스라엘이 당신의 손에 놓인 부드러운 진흙이 되게 하소서. 이스라엘에 자비를 베푸시고 다른 민족들 또한 이스라엘에 자비를 베풀게 하소서. 당신의 크신 이름으로 기도드렸습니다. 아멘.

예레미야의 말씀과 기도: 예레미야 9:1, 14:8-9, 예레미야 애가 5:19-21

어찌하면 내 머리는 물이 되고 내 눈은 눈물 근원이 될꼬 죽임을 당한 딸 내 백성을 위하여 주야로 울리로다

이스라엘의 소망이시요 고난 당한 때의 구원자시여 어찌하여 이 땅에서 거류하는 자같이, 하룻밤을 유숙하는 나그네같이 하시나이까
어찌하여 놀란 자 같으시며 구원하지 못하는 용사 같으시니이까 여호와여 주는 그래도 우리 가운데 계시고 우리는 주의 이름으로 일컬음을 받는 자이오니 우리를 버리지 마옵소서

여호와여 주는 영원히 계시오며 주의 보좌는 대대에 이르나이다
주께서 어찌하여 우리를 영원히 잊으시오며 우리를 이같이 오래 버리시나이까
여호와여 우리를 주께로 돌이키소서 그리하시면 우리가 주께로 돌아가겠사오니 우리의 날들을 다시 새롭게 하사 옛적 같게 하옵소서

하나님, 우리 주님, 이스라엘의 소망이시여, 이스라엘의 형편을 바라보며 내 눈이 눈물의 근원이 되어 흐르게 하소서. 이스라엘이 커다란 곤경에 빠졌으니 내 심령이 긍휼함으로 가득차게 하소서. 그들의 구원자가 되시고 소망이 되어 주소서. 당신이 사랑하시는 당신의 백성들과 당신의 도시에 가까이 가소서. 영원히 다스리소서. 당신의 왕좌가 세대에서 세대를 흐르며

세워지게 하소서. 오 주님, 이스라엘이 온전히 당신에게로 회복되게 하소서. 그들을 옛적같이 새롭게 하셔서 당신께서 모든 영광과 찬송과 높임과 축복을 받으소서. 아멘!

다니엘의 말씀과 기도: 다니엘 9:4-6, 9, 15-19

내 하나님 여호와께 기도하며 자복하여 이르기를 크시고 두려워할 주 하나님, 주를 사랑하고 주의 계명을 지키는 자를 위하여 언약을 지키시고 그에게 인자를 베푸시는 이시여 우리는 이미 범죄하여 패역하며 행악하며 반역하여 주의 법도와 규례를 떠났사오며 우리가 또 주의 종 선지자들이 주의 이름으로 우리의 왕들과 우리의 고관과 조상들과 온 국민에게 말씀한 것을 듣지 아니하였나이다…주 우리 하나님께는 긍휼과 용서하심이 있사오니 이는 우리가 주께 패역하였음이오며…

강한 손으로 주의 백성을 애굽 땅에서 인도하여 내시고 오늘과 같이 명성을 얻으신 우리 주 하나님이여 우리는 범죄하였고 악을 행하였나이다. 주여 구하옵나니 주는 주의 공의를 따라 주의 분노를 주의 성 예루살렘, 주의 거룩한 산에서 떠나게 하옵소서. 이는 우리의 죄와 우리 조상들의 죄악으로 말미암아 예루살렘과 주의 백성이 사면에 있는 자들에게 수치를 당함이니이다. 그러하온즉 우리 하나님이여 지금 주의 종의 기도와 간구를 들으시고 주를 위하여 주의 얼굴 빛을 주의 황폐한 성소에 비추시옵소서. 나의 하나님이여 귀를 기울여 들으시며 눈을 떠서 우리의 황폐한 상황과 주의 이름으로 일컫는 성을 보옵소서 우리가 주 앞에 간구하옵는 것은 우리의 공의를 의지하여 하는 것이 아니요 주의 큰 긍휼을 의지하여 함이니이다. 주여 들으소서 주여 용서하소서 주여 귀를 기울이시고 행하소서 지체하지 마옵소서 나의 하나님이여 주 자신을 위하여 하시옵소서 이는 주의 성과 주의 백성이 주의 이름으로 일컫는 바 됨이니이다.

주님, 당신은 크신 분이시며 두려워할 주 하나님이십니다. 당신은 당신을 사랑하고 당신의 계명을 지키는 자들과 언약을 지키시며 그들을 변함없이 사랑하시는 분입니다. 이스라엘이 다시 한번 당신의 계명을 지키고 당신의 거룩한 종들의 말씀에 귀를 기울이게 해주옵소서. 우리가 범죄할 때조차 당신은 자비와 용서가 많으십니다. 당신께서 전능하신 손으로 당신의 백성을 애굽땅에서 끌어냈을 때 당신의 이름이 알려졌던 것과 마찬가지로 이스라엘을 통해 당신의 이름이 다시 한 번 알려지게 하소서. 당신의 분노와 화가 당신의 성 예루살렘에서 돌이키게 하소서. 예루살렘이 이 땅 가운데 찬송을 받게 하소서. 주님, 황량해진 성소에 다시 한번 당신의 얼굴빛을 밝게 비추어 주소서. 하나님은 자비로우신 분이므로 다시 한 번 간구합니다.

오 주님, 내 기도를 들으소서. 오 주님, 용서하소서. 오 주님 기도를 들으시고 행동을 취하소서. 지체하지 마소서!

오 나의 하나님, 당신의 이름을 위해 역사하소서. 당신의 도시와 당신의 백성이 당신의 이름을 듣습니다. 그러므로 그렇게 행하소서. 아멘!

예수님은 지금도 이와 같은 마음을 찾고 계신다

우리는 이스라엘을 위해 짐을 지고 갈 수 있는 강한 성품과 끝까지 인내하며 견딜 수 있는 마음을 가진 자가 필요하다. 그러나 동전의 다른 면을 바라볼 때, 성벽에 선 파수꾼이 되는 일은 성령님과 동역하며 나아간다는 측면에서 커다란 축복이며 특권이다. 사실 내 인생에서 이 일은 가장 큰 기쁨이다!

당신은 아직 이 일을 하겠다고 자원하지 않았는가? 성령님께서는 이 세대 가운데 더 많은 짐꾼을 찾고 계시는 중이다. 나와 내 아내 그리고 다른 많은 사람들처럼 이 일에 동참하라. 장기간 그렇게 하겠다고 서명하라. 그리고 당신의 마음이 이스라엘과 유대 민족을 위해 하나님의 임재를 지고 갈 수 있는 영적인 지혜와 총명함으로 가득 찰 수 있게 해달라고 기도하라. 단지 그렇게 하기만 하면 된다. 하나님이 그어 놓은 서명란 위에 체크 표시만 하면 된다.

이제 효과적인 중보기도자가 되기 위해 필요한 성품과 마음의 상태에 대해 충분한 기초를 마련했고, 내가(오, 죄송, 하나님께서) 당신을 사로잡았기 때문에 우리의 지경을 조금 더 넓혀서 존경할 만한 선지자였으며 믿음의 아버지였던 아브라함의 인생을 살펴보기로 하자. 놀라지 말라. 나는 아브라함의 자손들 '모두'를 위해 기도하도록 요청할 것이다!

● **묵상 질문**

1. 이스라엘을 위해 효과적으로 중보기도를 하기 위해 당신은 어떤 심령을 가져야 합니까?

2. 예레미야가 눈물의 선지자로 알려진 까닭은 무엇입니까?

3. 이번 장에서 당신이 가장 많이 동일시했던 선지자는 누구였으며 그 까닭은 무엇입니까?

● **참고 서적**

Bickle, Mike. *A Heart Like His*. Lake Mary, Fla.: Charisma House, 2004.

Hess, Tom. *The Watchmen: Being Prepared and Preparing the Way for Messiah*. Washington, D.C.: Progressive Vision International, 1998.

제2부

아브라함의 후손들을 위해 기도하라!

4

하갈의 후손들

한 10대 소년이 필사적으로 울부짖으며 고통에 빠져 누워 있다. 이 아이의 어머니는 사막의 타는 듯한 더위를 피해 조금이라도 쉴 수 있도록 아이를 덤불 아래에 눕게 했다. 그들에게는 더 이상 물이 없었다. 마실 물뿐만 아니라 영혼을 축일 물도 없었다. 아이의 친아버지는 그들에게서 등을 돌렸고 그들을 내쫓았다. 편안한 집에서 생활하던 그들은 갑자기 먼 곳으로 보내졌다.

그들은 이제 완전히 스스로 살아가야 했다. 광야에 버려진 채 방황하는 삶을 살아가게 되었다. 아들이 죽어 가는 모습을 차마 보지 못하는 어머니는 조금 떨어진 곳에 주저앉아 울기 시작했다. 모든 것이 처절했다. 그런데 그 순간 하늘에 계신 하나님께서 아이의 울부짖는 소리를 들으셨다. 하나님은 앞으로 건강한 젊은이로 자라서 큰 나라의 아비가 될 그 소년에게 초자연적인 도움을 주셨다. 그 소년은 이스마엘이었고 소년의 아버지는 아브라함이었다.

이스라엘의 소명을 위한 기도를 다루는 이 책을 읽는 독자들은 아브라함과 이삭과 이스라엘(야곱)의 자손들인 유대인들을 위한 기도에 초점을 맞출 것이라고 생각할 것이다. 그러나 매주 열리는 '이스라엘을 위한 기도 파수꾼(Israel Prayer Watches)' 모임을 하던 중 성령님께서는 한 이상을 통해 나에게 이렇게 말씀하셨다. "아브라함의 자손들을 위한 기도를 세우라. 이스마엘 또한 아브라함의 씨임을 기억하라. 아브라함의 씨는 세 명의 여자들에게로 나갔도다."

그렇다. 유대인들만이 아브라함의 유일한 자손이 아니다. 사실 아브라함의 후손을 이루는 가계는 세 개로 나뉘어진다. 이들은 모두 아브라함의 후손들이다.

우선 하갈에게서 난 후손들을 먼저 살펴볼 것이다. 왜 하갈로부터 시작하는가? 하갈은 아브라함의 큰아들을 낳았기 때문이다. 우리는 아브라함의 후손들을 태어난 순서에 따라 살펴보게 될 것이다.

무수한 자손을 주시겠다고 약속하신 하나님

아브람과 사래(하나님께서 그들의 이름을 바꾸시기 전에 불리던 이름)의 경우 재물과 명성, 하인, 소유물에 있어 보통의 부부들이 원하는 것 이상으로 많은 것들이 있었다. 그러나 그들은 정말로 갖고 싶었던 것을 갖지 못했다. 아브람과 사래에게는 아이가 없었다. 게다가 더 심한 문제는 둘 다 가임 연령을 훨씬 넘어 있었다.

아내 미갈 앤과 나는 이 부부의 고통을 잘 알고 있다. 하나님께서 우리 부부를 치유해 주시기 전에는 우리도 한때 불임부부였다. 하나님께서 아브람을 불러내시고 이렇게 말씀하셨을 때 그는 매우 놀랐을 것이다. "하늘을 우러러 뭇별을 셀 수 있나 보라. 또 그에게 이르시되 네 자손이 이와 같으리라"(창 15:5). 아브람은 모든 불가능성에도 불구하고 하나님을 믿었다. 그러나 수년간 이 약속이 성취되기를 기다리던 아브람과 사래는 자신들의 힘으로 문제를 해결하려 했다.

하갈: 사래와 아브람의 좌절 계획

어느 날 사래가 아브람에게 왔다. 아마도 매우 좌절한 상태였을 것이다. 그리고 이렇게 말했다. "여호와께서 내가 아이 낳는 것을 막으시니 내 여종과 동침하십시오. 어쩌면 내가 그녀를 통해 아이를 얻을지도 모릅니다"(창세기 16:2, 우리말 성경). 아브람은 아내의 말을 듣고 사래의 애굽인 여종 하갈과 동침해 바로 임신을 했다.

이 일은 사래의 마음을 매우 아프게 찔렀을 것이다. 누구나 짐작할 수 있듯이 사래는 남편에게 여종과 동침하라고 했던 일을 후회했을 것이다. 임신을 한 하갈은 여주인인 사래를 업신여겼고, 이에 사래는 하갈을 학대했다. 그러자 하갈은 자신이 버려졌다고 느끼게 되었다. 물론 임신을 하기까지의 모든 결정에 대해 하갈에게는 아무런

책임도 없었다.

절망감에 빠진 하갈은 광야로 도망을 갔다. 창세기 16장 7절은 다음과 같다. "여호와의 사자가 광야의 샘물 곁 곧 술 길 샘 곁에서 그를 만나." 그 다음 말을 들은 하갈은 아마도 매우 놀랐을 것이다. "내가 네 씨를 크게 번성하여 그 수가 많아 셀 수 없게 하리라"(창 16:10). 그 말을 들은 하갈은 주인에게로 돌아가 아브람의 아들을 낳았고 아브람은 그 아들을 이스마엘이라고 이름지었다. "하갈이 아브람에게 이스마엘을 낳았을 때에 아브람이 팔십육 세였더라"(창 16:16).

그 후 13년이 지났다. 이제 아브람의 아들은 10대 소년이 되어 있었고 사래에게는 남편을 꼭 닮은 아들 하나를 키우며 여주인을 멸시하는 여종이 있었다. 그 13년이라는 시간이 그렇게 유쾌하지만은 않았을 것이라는 생각이 든다. 99세가 된 아브람에게 하나님이 나타나셔서 이렇게 말씀하신다.

> 내가 내 언약을 나와 너 사이에 두어 너를 크게 번성하게 하리라 하시니 아브람이 엎드렸더니 하나님이 또 그에게 말씀하여 이르시되
> 보라 내 언약이 너와 함께 있으니 너는 여러 민족의 아버지가 될지라. 이제 후로는 네 이름을 아브람이라 하지 아니하고 아브라함이라 하리니 이는 내가 너를 여러 민족의 아버지가 되게 함이니라. 내가 너로 심히 번성하게 하리니 내가 네게서 민족들이 나게 하며 왕들이 네게로부터 나오리라. 내가 내 언약을 나와 너 및 네 대대 후손 사이에 세워서 영원

한 언약을 삼고 너와 네 후손의 하나님이 되리라
(창세기 17:2-7).

이후 하나님은 아브라함과 그의 후손에게 할례의 언약을 표징으로 삼으셨다(잠시 후에 이 중요한 언약의 제정에 대해 이야기하겠다). 그러고 나서 하나님의 말씀을 듣던 아브라함은 엎드린 채 웃게 된다.

하나님이 또 아브라함에게 이르시되 네 아내 사래는 이름을 사래라 하지 말고 사라라 하라
내가 그에게 복을 주어 그가 네게 아들을 낳아 주게 하며 내가 그에게 복을 주어 그를 여러 민족의 어머니가 되게 하리니 민족의 여러 왕이 그에게서 나리라
아브라함이 엎드려 웃으며 마음속으로 이르되 백 세 된 사람이 어찌 자식을 낳을까 사라는 구십 세니 어찌 출산하리요 하고
(창세기 17:15-17).

수십 년 동안 아이를 갖지 못한 이후 13년 전 얻은 아들로 인해 사래와 하갈 사이에 갈등과 어려움을 겪어 온 아브라함은 이렇게 외쳤다. "이스마엘이나 하나님 앞에 살기를 원하나이다"(창 17:18). 아브라함은 이스마엘을 사랑했고 그가 하나님의 축복을 받기 원했다. 이에 하나님은 대답하셨다.

아니라, 네 아내 사라가 네게 아들을 낳으리니 너는 그 이름을 이삭이라 하라
내가 그와 내 언약을 세우리니 그의 후손에게 영원한 언약이 되리라 (창세기 17:19).

이스마엘을 축복하시겠다고 약속하신 하나님

하나님은 계속하여 말씀하셨다. "이스마엘에 대하여는 내가 네 말을 들었나니 내가 그에게 복을 주어 그를 매우 크게 생육하고 번성하게 할지라." 하나님의 그 다음 말씀을 주의 깊게 읽어 보라. "그가 열두 두령을 낳으리니 내가 그를 큰 나라가 되게 하려니와" (창세기 17:20). 아브라함의 손자 야곱(이후 이스라엘이라고 불림)과 마찬가지로 이스마엘도 열두 지파의 아비가 될 것이었다. 하나님은 계속 말씀하셨다. "내 언약은 내가 내년 이 시기에 사라가 네게 낳을 이삭과 세우리라" (창세기 17:21).

비록 하나님께서 "나의 언약은 이삭과 세우리라" 고 말씀하셨지만 이스마엘에게는 우리가 피할 수 없는 예언적인 선포가 있었다. 우리가 이스라엘을 위해 올바르게 기도하려 한다면 우리는 더 넓은 시각을 갖고 그림을 바라보아야 하며 아브라함의 모든 후손들을 위해 기도할 수 있어야 한다. 이삭이 등장하기 전 아브라함의 장자로서 이스

마엘의 역할에 대해 조금 더 깊게 탐구해 보자.

(그런데, 이 생각을 좀더 깊게 따라가기 전에 나는 한 가지 질문을 하고 싶다. 당신의 삶에서 '이스마엘'을 낳은 적이 있는가? 하나님의 '최선의' 선택이 아님을 알았지만 하나님의 자비를 경험한 적이 있는가? 사래와 아브람과 하갈 그리고 나머지 다른 사람들에게 돌을 던지기 전에 하나님께서는 모든 것을 합력하여 선을 이루시는 분임을 기억하자(로마서 8:28 참조)).

하나님의 할례 언약을 가장 처음으로 받았던 사람은 누구인가? 놀라운 사실은 그 대상이 아브라함이나 이삭이 아니었다는 것이다. 창세기 17장 25절에는 "그의 아들 이스마엘이 그의 포피를 벤 때는 십삼 세였더라"라고 쓰여 있다.

이스마엘은 아브라함의 씨로 태어났기 때문에 반만 히브리인이었다. 아브라함은 모압계 히브리인이었다. 그 당시에 '유대(*Jew*)'라는 용어 자체가 없었다. '유대(*Jew*)' 또는 '유대인(*Jewish*)'라는 용어는 이스라엘의 열두 지파의 기원이 되었던 이스라엘에게서 태어난 열두 아들 중 넷째 아들인 유다(Judah) 지파에서 온 것이다. 그러나 가장 처음 할례를 받았던 자는 누구였는가? 그는 이스마엘이었다! 아브라함은 99세의 나이에 같은 날 할례를 받았다(창세기 17:26). 그러나 이스마엘이 '그의 포피를 벤' 때는 겨우 13세였다.

서방 세계에서 할례는 그렇게 큰 일이 아니다. 단지 방금 태어난 남자 아기에게 행해지는 의료적인 처치일 뿐이다. 그러나 성경은 할례를 바라볼 때 하나님과 하나님의 백성 간에 이루어지는 언약의 징

표라고 여긴다. 사도 바울도 갈라디아서에서(그리고 로마서에서) 하나님이 아브라함에게 행하라고 명령하신 이 육체적인 행위에 담긴 영적 상징에 대해 매우 포괄적으로 말한다.

나는 아브라함에게서 쫓겨난 하갈과 이스마엘의 이야기로 이번 장을 시작했다. 아브라함은 이삭이 젖을 뗀 날 커다란 잔치를 열었다. 그러나 사라는 이스마엘이 이삭을 놀리는 모습을 보고는 이스마엘이 싫어졌다. 그래서 아브라함에게 이렇게 말했다. "이 여종과 그 아들을 내쫓으라 이 종의 아들은 내 아들 이삭과 함께 기업을 얻지 못하리라"(창세기 21:10). 사라가 그렇게 반응한 데는 이유가 있었다. 한 남자와 두 여자 그리고 두 아들은 잘 어울릴 수 있는 조합이 아니다.

아브라함은 자신의 혈육인 아들 이스마엘을 좋아했다. 그래서 크게 마음이 흔들렸다. 그러나 하나님은 아브라함에게 말씀하셨다. "네 아이나 네 여종으로 말미암아 근심하지 말고 사라가 네게 이른 말을 다 들으라 이삭에게서 나는 자라야 네 씨라 부를 것임이니라. 그러나 여종의 아들도 네 씨니 내가 그로 한 민족을 이루게 하리라 하신지라"(창세기 21:12-13).

이스마엘이 하나님의 약속을 성취하려고 인간적으로 노력한 결과의 부산물임에도 불구하고, 하나님은 아브라함에게 자신의 성실하심을 드러내셨다. 이스마엘도 아브라함의 자식이기 때문에 하나님은 이스마엘을 축복하겠다고 약속하셨다.

아브라함이 아침에 일찍이 일어나 떡과 물 한 가죽 부대를 가져다가 하갈의 어깨에 메워 주고 그 아이를 데리고 가게 하니 하갈이 나가서 브엘세바 광야에서 방황하더니

(창세기 21:14).

목이 말라서 울부짖는 아이와 떨어져서 앉아 있는 하갈에게 하나님의 천사가 또 다시 나타났다. 하갈에게 처음으로 천사가 나타났을 때 하갈은 임신한 상태였고 도망 중이었다. 그 때 천사는 하갈에게 이렇게 선포했다. "여호와의 사자가 또 그에게 이르되 내가 네 씨를 크게 번성하여 그 수가 많아 셀 수 없게 하리라"(창세기 16:10).

이제 하나님의 사자는 하갈의 아들에게 다시 한 번 확인해 주었다. "그가 큰 민족을 이루게 하리라"(창세기 21:18). 하나님은 하갈과 이스마엘에게 기적적으로 물을 공급해 주셨고 그들은 살아남을 수 있었다. 창세기 21장 20절에는 이렇게 기록되어 있다. "하나님이 그 아이와 함께 계시매 그가 장성하여."

뭐라고 쓰여 있는가? "하나님이 그 아이와 함께 계셨다!" 이는 하나님의 신성한 자비를 다시 한 번 증명하는 말이다. 하나님은 아브라함과 사라가 저지른 잘못조차도 축복하셨다.

하갈은 애굽인 여종이었다(창세기 16:1 참조). 그래서 아브라함에게서 처음으로 나온 열매는 반은 애굽인이었고 반은 모압계 히브리인이었다. 하갈은 이스마엘의 아내를 애굽 땅에서 데려왔다. 이스마

엘에게서 열두 왕자가 나왔고 이들은 열두 지파를 이루었으며 큰 민족을 이루었다. 성경은 그렇게 말하고 있으며 이는 세 번이나 선포되었다. 이스마엘에게서 나온 큰 민족이 바로 지금의 아랍 민족이다.

아브라함을 통해 모든 민족이 복을 받게 될 것이다

아버지 테라가 죽은 직후 아브람이 처음으로 하나님과 만났던 장면을 생각해 보자. 처음부터 하나님께서는 아브라함으로부터 나온 모든 이들이 복을 받게 될 것이라고 분명히 말씀하셨다. 창세기 12장 1-3절은 다음과 같이 말하고 있다.

> 여호와께서 아브람에게 이르시되 너는 너의 고향과 친척과 아버지의 집을 떠나 내가 네게 보여 줄 땅으로 가라. 내가 너로 큰 민족을 이루고 네게 복을 주어 네 이름을 창대하게 하리니 너는 복이 될지라. 너를 축복하는 자에게는 내가 복을 내리고 너를 저주하는 자에게는 내가 저주하리니 땅의 모든 족속이 너로 말미암아 복을 얻을 것이라 하신지라
> (창세기 12:1-3).

다시 말하지만 아브람을 통해 땅의 모든 족속이 복을 받게 될 것이다. 모든 사람들! 여기에는 이스마엘의 자손인 아랍 민족도 포함되

어 있다. 하나님께서 '모든 족속' 이라는 말에 누가 포함되는지 잘 알지 못한다고 생각하는가?

하나님께서 아브람에게 권한을 위임하기 24년 전으로 가서 창세기 17장 1-14절을 읽어 보자. 우리는 이미 이 부분을 알고 있다. 하지만 하나님께서 아브라함의 어떤 한 특정 가계가 아니라 아브라함의 모든 후손들과 언약을 세우시겠다고 약속하시는 부분을 강조하고 싶다. 하나님께서는 '무수한 민족의 아버지' 를 의미하는 아브라함에게 다음과 같이 약속했다.

> 내가 내 언약을 나와 너 및 네 대대 후손 사이에 세워서 영원한 언약을 삼고 너와 네 후손의 하나님이 되리라
>
> (창세기 17:7).

사도 바울은 이렇게 강조했다. "인류의 모든 족속을 한 혈통으로 만드사 온 땅에 살게 하시고 그들의 연대를 정하시며 거주의 경계를 한정하셨으니 이는 사람으로 혹 하나님을 더듬어 찾아 발견하게 하려 하심이로되 그는 우리 각 사람에게서 멀리 계시지 아니하노니" (사도행전 17:26-27).

예수님은 "하나님은 ~를 너무 사랑하신다" 고 말씀하셨다. 그렇다면 누구를 사랑하시는가? 하나님을 사랑하는 자인가? 단지 이스라엘인가? 오직 예수 그리스도를 믿는 자들인가? 아니다. 하나님은 세

상을 너무나 사랑하신다(요한복음 3:16 참조)! 예수님은 모든 열방들이 하나님 아버지께로 나아갈 수 있는 길을 만들기 위해 오셨다. 이는 하나님께서 아브라함과 함께 세우셨던 언약을 통해 이 땅의 모든 민족들이 축복을 받는 길이다.

아랍 민족들은 우리의 적이 아니다!

나는 호소하고 싶다. 지난 수십 년 동안 이스라엘을 위해 중보기도를 해왔기 때문에 나는 호소할 자격이 있다. 나는 이스라엘을 위해 기도하는 다른 중보자들에게 호소할 것이다. 나의 호소문은 이것이다.

"아랍 민족들을 우리의 대적이라고 부르지 마시오. 아랍 민족들을 마치 우리의 적인 것처럼 대하지 말아 주시오. 바울도 에베소서에서 우리의 씨름은 사람들에 대한 것이 아니라고 분명히 말했소"(에베소서 6:12 참조).

좀더 담대하게 말하겠다. "팔레스타인 사람들은 우리의 적이 아닙니다!" 우리의 씨름은 혈과 육을 상대하지 않는다. 우리의 씨름은 통치자들과 권세들과 어둠의 세상 주관자들과 사람들을 통해 역사하는 하늘에 있는 악의 영들을 상대로 한다. 우리는 사람들을 상대해 싸우지 않는다. 우리는 어두움의 권세들과 상대해 씨름한다.

우리는 올바른 성경적 관점을 유지해야 한다. 그렇지 않으면 이스라엘에 대해 잘못된 로맨스를 갖게 될지도 모른다. 이스라엘은 분명히 하나님의 눈동자이다. 그러나 그것이 이스마엘을 우리가 미워

해야 할 적으로 만들지는 않는다. 이스라엘을 사랑하기 위해 아랍 민족을 미워할 필요는 없다는 뜻이다. 우리는 두 민족을 동시에 사랑할 수 있고 사랑해야 한다.

미국인 친구들 중에 사랑하는 친구 릭 라이딩즈가 있다. 릭과 그의 아내 패티는 선지자이며 중보기도 사역을 하는 설교자들이다. 이들은 오랜 세월 동안 벨기에에서 사역을 한 이후 예루살렘에서 가족들과 함께 살고 있다. 릭이 이렇게 말하는 것은 당연하다.

"온 마음을 다해 유대인들을 사랑한다면 당신은 아랍인들을 미워하게 될 것입니다. 온 마음을 다해 아랍인들을 사랑한다면 유대인들을 미워하게 될 것입니다. 그러나 어떤 민족이든(유대 민족이든 아랍 민족이든) 하나님의 마음으로 사랑한다면 다른 민족 또한 진정으로 사랑하게 될 것입니다."

하나님은 아브라함과 이삭과 야곱과 언약을 맺으셨다. 야곱은 하나님의 천사와 씨름을 했다. 그후 야곱의 본성이 바뀌었고 그는 이스라엘이 되었다. 하나님께서는 아브라함의 후손들 그리고 아브라함의 씨와 맺은 자신의 언약을 확인해 주셨다. 이 영원한 언약에 대해 말할 때 우리는 후손들이라는 복수 형태의 단어와 씨라는 단수 형태의 단어가 다름을 알 수 있다.

단수 형태인 씨에 대해 말할 때 사도 바울은 메시아이신 예수님께서는 하나의 씨라고 했다(갈라디아서 3:16 참조). 그리고 바울은 계속해서 이렇게 말했다. "너희가 그리스도의 것이면 곧 아브라함의 자손이요 약속대로 유업을 이을 자니라"(갈라디아서 3:29). 이 씨는 혼이나 육이 아니라 믿음의 언약의 가계를 통해 우리에게 온다.

아브라함에게 주어졌던 원래의 권한이 어떤 의미에서는 이후에 교회에 동일하게 주어졌다는 것이다. "그러므로 너희는 가서 모든 민족을 제자로 삼아 아버지와 아들과 성령의 이름으로 세례를 베풀고"(마태복음 28:19). 하나님께서 아브라함의 씨를 통해 복을 주시겠다고 약속하신 열방들이 바로 여기서 말하는 민족들이다.

한 개의 축복이 다른 축복을 무효화시키지는 않는다! 아브라함의 영적 후손들과 육체적 후손들은 모두가 정당하게 하나님의 은혜를 받는 수혜자들이다. 우리들은 경쟁 관계에 있지 않다!

이스마엘의 소명에 대한 예언

창세기 25장 12절을 보라. "사라의 여종 애굽인 하갈이 아브라함에게 낳은 아들 이스마엘의 족보는 이러하고"(아브라함의 후손을 위해 기도하려 한다면 이는 매우 중요해진다). 이제 아브라함의 손자들에 대해 알아 볼 차례이다.

이스마엘에게서 나온다는 열두 지도자에 대해 하나님이 아브라함에게 주신 말씀이 있다(창세기 25:16 참조). 그 다음 몇 구절에서는 이스마엘의 열두 아들의 이름이 나온다. 그러나 여기서는 장자인 느바욧과 둘째 아들인 게달 두 명에 대해서만 살펴보겠다.

참고로 알아두어야 할 사실은 이스마엘의 후손들이 정착한 지역이다. 창세기 25장18절은 다음과 같다. “그 자손들은 하윌라에서부터 앗수르로 통하는 애굽 앞 술까지 이르러 그 모든 형제의 맞은편에 거주하였더라.” 앗수르를 기억하라.

이제 이사야서 60장 7절로 가보자. 이사야는 이렇게 예언했다.

“게달의 양 무리는 다…”

게달에 대해 어디서 들었는가? 게달은 누구인가? 그는 바로 이스마엘의 둘째 아들이었다!

“…네게로 모일 것이요. 느바욧의 숫양은 네게 공급되고…“

느바욧은 어디서 왔는가? 그는 이스마엘의 장자였다!

> 게달의 양 무리는 다 네게로 모일 것이요. 느바욧의 숫양은 네게 공급되고 내 제단에 올라 기꺼이 받음이 되리니 내가 내 영광의 집을 영화롭게 하리라(이사야 60:7).

여기서 우리는 이스마엘의 후손들인 아랍 민족들이 하나님 앞에 받아들여질 것임을 알 수 있다. 그들은 결국 하나님을 영화롭게 할 것이며 하나님을 제사하는 제단이 이스마엘의 씨에서 나오게 될 것이다. 실로 놀라운 말씀이다!

이 말씀은 우리의 좁은 생각을 완전히 혼란스럽게 만든다. 간단히 말한다면, **이 지구상에서 아직 성취되지 않은 많은 예언 덩어리**가 있다는 말이다. 하나님의 마음은 너무나 넓어서 이 땅의 모든 민족들을 향한 계획을 가지고 계신다.

이사야는 다음과 같이 선포한다.

> 일어나라 빛을 발하라
> 이는 네 빛이 이르렀고 여호와의 영광이 네 위에 임하였음이니라
> 보라 어둠이 땅을 덮을 것이며 캄캄함이 만민을 가리려니와
> 오직 여호와께서 네 위에 임하실 것이며 그의 영광이 네 위에 나타나리니
> 나라들은 네 빛으로, 왕들은 비치는 네 광명으로 나아오리라
> (이사야 60:1-3).

이는 창세기 12장과 17장에서 하나님이 아브라함에게 말씀하신 것과 매우 비슷한 말씀이다!

말씀에 근거한 기도 연습

이제 우리의 이해가 넓어졌다면 성경말씀에 근거해 기도를 연습해 보자!

말씀과 기도: 창세기 12:2-3, 이사야 60:7

내가 너로 큰 민족을 이루고 네게 복을 주어 네 이름을 창대하게 하리니

너는 복이 될지라.

너를 축복하는 자에게는 내가 복을 내리고 너를 저주하는 자에게는 내가 저주하리니 땅의 모든 족속이 너로 말미암아 복을 얻을 것이라 하신지라.

게달의 양 무리는 다 네게로 모일 것이요. 느바욧의 숫양은 네게 공급되고 내 제단에 올라 기꺼이 받음이 되리니 내가 내 영광의 집을 영화롭게 하리라

하나님 아버지, 당신께서는 아브라함으로 큰 민족을 이루셨습니다. 실로 아브라함의 자손은 셀 수 없이 많습니다. 당신께서는 그를 축복하는 자에게 복을 주시고 그를 저주하는 자를 저주하시겠다고 말씀하셨습니다. 우리가 당신의 아들 이스마엘의 자손들을 저주한 것을 용서해 주시옵소서.

하나님 아버지, 아랍 민족을 축복해 주시옵소서. 그들이 이 땅 민족들에게 축복이 되게 하시옵소서. 그들을 당신에게로 모으셔서 이스라엘을 축복하도록 사용하옵소서. 그들이 이스라엘을 멸망시키는 것이 아니라 이스라엘을 위해 사역하도록 하옵소서. 아랍 민족이 당신의 집을 영화롭게 하고 당신의 목전에 용납되게 하옵소서.

당신의 아들 예수아의 이름으로 기도드렸습니다. 아멘.

말씀과 기도: 사도행전 17:26-27

인류의 모든 족속을 한 혈통으로 만드사 온 땅에 살게 하시고 그들의 연대를 정하시며 거주의 경계를 한정하셨으니 이는 사람으로 혹 하나님을

더듬어 찾아 발견하게 하려 하심이로되 그는 우리 각 사람에게서 멀리 계시지 아니하도다

하나님 아버지, 당신께서는 이스마엘을 하갈의 태에 창조하시고 그의 정한 때와 그가 살아갈 지역을 결정하셨습니다. 당신은 이스마엘의 자손들과 멀리 떨어져 계시지 않습니다. 당신의 말씀은 당신이 하나님 이름을 부르는 자 모두에게 가까이 계시다고 하십니다. 아랍 민족이 당신을 찾고, 당신에게 부르짖게 하소서. 그들이 곤경에 처했을 때 하나님에게서 소망을 찾게 하옵소서. 그들을 악에서 구하시고 의의 길로 인도하소서.

여호와 하나님의 이름으로 기도 드렸습니다. 아멘.

말씀과 기도: 베드로후서 3:9

주의 약속은 어떤 이들이 더디다고 생각하는 것같이 더딘 것이 아니라 오직 주께서는 너희를 대하여 오래 참으사 아무도 멸망하지 아니하고 다 회개하기에 이르기를 원하시느니라

하늘에 계신 아버지시여, 당신께서 아브라함에게 주신 모든 약속을 성취하심에 감사를 드립니다. 또한 우리에 대하여 오래 인내하심에 감사드립니다. 아랍 민족들에 대하여 우리가 올바르게 생각하도록 우리를 도우소서. 이스마엘의 자손들을 대신해 우리가 중보기도하지 않고 그들을 판단했던 것을 용서하소서. 당신은 그들이 멸망하기를 원하지 않으십니다.

당신께서는 그들 모두가 회개에 이르기를 원하십니다. 하나님, 거룩한 슬픔과 당신의 친절하심이 아랍 민족을 회개에 이르게 하시고 오직 한 분뿐인 진정한 하나님이신 예수아를 믿는 믿음으로 이끌어 주시기를 기도합니다. 이스마엘의 자손들 가운데 당신의 영을 넘치도록 능력으로 부어 주시옵소서.

예수 그리스도의 이름으로 기도 드렸습니다. 아멘.

이스마엘의 소명에까지 다다르기

전체 이슬람 문제를 승산 없는 일이라고 간주하지 말자. 이슬람의 베일은 찢어질 것이라고 선포한다! 커다란 추수의 때가 다가왔다! 나의 친구이자 작가인 산드라 텝린스키(Sandra Teplinsky)는 균형 잡힌 시각과 통찰력을 갖고 쓴 저서인 〈왜 이스라엘인가?〉(*Why Care about Israel?*)에서 다음과 같은 점을 강조했다.

> 하나님의 관점에서는 지금이 아랍계 무슬림 영혼들을 추수할 시간입니다. 비록 이를 위해서는 값비싼 대가가 치러질 것입니다. 전 세계가 테러에 대한 전쟁을 선포한 와중에 상당히 많은 아랍인들이 개종하게 될 것입니다. 그들을 희생적으로 뒷받침할 준비를 하십시오. 가부장적인 관점에서 그들 또한 특별한 사랑을 받았음을 기억하십시오.[1]

이 장을 마무리하며 나는 학자들 중에 학자라 할 수 있으며 오늘날 이스라엘 땅에서 믿는 자로 살아가는 한 유대인의 사무치는 글을 읽어 주고 싶다. '마지막 프론티어 사역(Final Frontier Ministries)'의 아브너 보스키(Avner Boskey)의 글을 읽어 보라.

> (성경의) 예언은 아랍이라는 거대한 한 국가의 소명 그리고 그들과 세계와의 관계 중 많은 부분을 형성해 왔습니다. 격렬한 독립 운동, 거칠고 길들여지지 않은 영혼, 거만한 증오라는 말들이 아랍의 특성을 나타내고 있고 (가장 최악인 것은) 그들은 세상과 거래를 하고 있습니다. 그러나 전성기 때의 아랍 세계는 버려진 예배가 없는 곳이었으며, 관대함과 은혜와 희생적인 열의가 분명하게 드러났던 곳입니다.
>
> 메시아이신 예수님이 그들의 마음을 변화시켜 주실 때 이스마엘의 후손들은 하나님께서 고통을 단 것으로 바꾸시는 분임을 알게 될 것입니다. 그들은 완전히 새로운 방식으로 그들과 아브라함의 관계가 얼마나 아름다운지 발견하게 될 것입니다.
>
> 평화와 협동이 난폭함과 투쟁의 자리를 대신하게 될 것이며 아랍인과 유대인 사촌들 간에는 다시금 사랑이 피어나게 될 것입니다.[2]

하나님 나라의 복음의 능력을 통해 이슬람의 베일을 찢고 하나님의 위대한 약속이 성취되게 하자. 왜 그렇게 할 수 없겠는가? 요한계시록에서 하나님께서는 모든 혀와 모든 족속과 모든 지파와 모든 나라가 하나님의 왕좌 앞에 나아올 것이라고 약속하셨다. 그러므로 이스마엘의 열두 왕자의 지파들의 예언된 소명을 위해 하나님의 마음으로 나아가자. 그리고 죽음이 아니라 생명을 위해 기도하자!

이제 짧은 호흡을 가다듬고 사라를 통해 태어난 아브라함의 후손들에게로 우리의 관심을 돌려보자!

● 묵상 질문

1. 하갈의 자손들은 오늘날의 누구입니까?

2. 하갈의 자손들에 대해 성경에서 언급하고 있는 언약의 약속은 무엇입니까?

3. 오늘날 중동 지역 전역에 살고 있는 아랍 민족들을 향한 하나님의 소명에 대해 기도할 때 당신은 어떻게 기도할 수 있습니까?

● 참고 서적

Boskey, Avner. *A Perspective on ISLAM*. Nashville, Tenn.: Final Frontier Ministries, 2001.

Brimmer, Rebecca J. *"For Zion's Sake I Will Not Be Silent."* Jerusalem, Israel: Bridges for Peace International, 2003.

5

사라의 후손들

만군의 여호와가 이와 같이 말하노라
그 날에는 말이 다른 이방 백성 열 명이 유다 사람 하나의 옷자락을 잡을 것이라
곧 잡고 말하기를 하나님이 너희와 함께 하심을 들었나니
우리가 너희와 함께 가려 하노라 하리라 하시니라
(스가랴 8:23)

이스마엘이 태어난 지 13년이 지난 어느 날, 99세가 된 아브람에게 하나님께서 나타나셨다. 그리고 말씀하셨다. "나는 전능한 하나님이라" (창세기 17:1).

성경에 기록된 바에 따르면 하나님께서는 처음으로 스스로를 '전지전능한 하나님' 이라고 드러내셨다. 이 단어는 히브리어로는 '엘

샤다이(*El Shaddai*)', 즉 '모든 것에 넉넉하신 분(All-Sufficient One)'이라는 뜻이다. 히브리어로 '샤드(shad)'라는 말은 항상 '젖(breast)'으로 번역된다.

어미가 새로 태어난 아이를 먹이기 위해 모든 것을 공급하는 것과 마찬가지로 하나님께서는 자기 자신이 전지전능하며 "젖먹이는 복과 태의 복"(창 49:25)으로 만족시키실 수 있는 존재임을 아브람에게 드러내려 하셨다.

하나님께서는 이삭과 야곱과 요셉, 모세, 그리고 다른 많은 사람들에게 자기 자신을 드러내실 때에도 이 방법을 선택하셨다. 사라의 후손들을 대신해서 중보기도하려 할 때 우리가 하나님을 바라보는 측면 또한 바로 이것이어야 한다.

기적의 아이를 주시는 하나님

하나님께서 믿음의 아버지 아브람에게 처음부터 주시겠다고 약속하신 것이 무엇인지 다시 한 번 살펴보자.

> 내가 내 언약을 나와 너 사이에 두어 너를 크게 번성하게 하리라 하시니 아브람이 엎드렸더니 하나님이 또 그에게 말씀하여 이르시되 보라 내 언약이 너와 함께 있으니 너는 여러 민족의 아버지가 될지라 이제 후로

는 네 이름을 아브람이라 하지 아니하고 아브라함이라 하리니 이는 내가 너를 여러 민족의 아버지가 되게 함이니라 내가 너로 심히 번성하게 하리니 내가 네게서 민족들이 나게 하며 왕들이 네게로부터 나오리라 내가 내 언약을 나와 너 및 네 대대 후손 사이에 세워서 영원한 언약을 삼고 너와 네 후손의 하나님이 되리라

(창세기 17:2-7).

그리고 하나님은 아브라함을 위한 놀라운 계획을 가지고 계셨다. 하나님은 이렇게 말씀하셨다.

하나님이 또 아브라함에게 이르시되 네 아내 사래는 이름을 사래라 하지 말고 사라라 하라 내가 그에게 복을 주어 그가 네게 아들을 낳아 주게 하며 내가 그에게 복을 주어 그를 여러 민족의 어머니가 되게 하리니 민족의 여러 왕이 그에게서 나리라 아브라함이 엎드려 웃으며 마음속으로 이르되 백 세 된 사람이 어찌 자식을 낳을까 사라는 구십 세니 어찌 출산하리요 하고

(창세기 17:15-17).

하나님은 아브라함의 몸을 통해 아이를 주시겠다는 자신의 약속을 성취하게 될 아이가 이스마엘이 아님을 아브라함에게 분명하게 확신시키셨다.

하나님이 이르시되 아니라 네 아내 사라가 네게 아들을 낳으리니 너는 그 이름을 이삭이라 하라 내가 그와 내 언약을 세우리니 그의 후손에게 영원한 언약이 되리라…내 언약은 내가 내년 이 시기에 사라가 네게 낳을 이삭과 세우리라

(창세기 17:19, 21).

하나님은 이 말씀 이후 즉시 다시 한 번 아브라함을 찾아오셨다. 아브라함이 한낮에 뜨거울 때 장막 문에 앉아 있었는데 맞은편에 남자가 세 사람이 서 있었다. 아브라함은 그들에게 속히 인사하고 들어와 쉬었다 가기를 청했다.

아브라함이 그들을 위해 준비한 음식을 받으신 하나님은 아브라함에게 말씀하셨다. "내년 이맘때 내가 반드시 네게로 돌아오리니 네 아내 사라에게 아들이 있으리라"(창세기 18:1-10 참조).

사라는 장막 문 뒤에서 이 말을 듣고 있었다. 그리고 성경은 이렇게 기록하고 있다.

사라가 속으로 웃고 이르되 내가 노쇠하였고 내 주인도 늙었으니 내게 무슨 즐거움이 있으리요 여호와께서 아브라함에게 이르시되 사라가 왜 웃으며 이르기를 내가 늙었거늘 어떻게 아들을 낳으리요 하느냐 여호와께 능하지 못한 일이 있겠느냐 기한이 이를 때에 내가 네게로 돌아오리니 사라에게 아들이 있으리라 사라가 두려워서 부인하여 이르되 내가

웃지 아니하였나이다 이르시되 아니라 네가 웃었느니라 (창세기 18:12-15).

아브라함과 사라는 늙었고 나이가 많았다. 사라는 여자가 아이를 가질 수 있는 나이를 훨씬 지나 있었다.

그러나 하나님은 나이와 상관없이 그들이 매우 특별한 선물을 받을 수 있다고 결정하셨다.

언약이 이루어질 때 '웃음이' 가 태어난다

창세기 21장은 다음과 같다.

여호와께서 말씀하신 대로 사라를 돌보셨고 여호와께서 말씀하신 대로 사라에게 행하셨으므로 사라가 임신하고 하나님이 말씀하신 시기가 되어 노년의 아브라함에게 아들을 낳으니 아브라함이 그에게 태어난 아들 곧 사라가 자기에게 낳은 아들을 이름하여 이삭이라 하였고 그 아들 이삭이 난 지 팔 일 만에 그가 하나님이 명령하신 대로 할례를 행하였더라 아브라함이 그의 아들 이삭이 그에게 태어날 때에 백 세라 사라가 이르되 하나님이 나를 웃게 하시니 듣는 자가 다 나와 함께 웃으리로다 또 이르되 사라가 자식들을 젖먹이겠다고 누가 아브라함에게 말하였으리

요마는 아브라함의 노경에 내가 아들을 낳았도다 하니라
(창세기 21:1-7).

마치 하나님께서는 이 모든 일들 가운데 커다란 기쁨을 이끌어내시는 것처럼 보인다! 아브라함도 사라도 웃었다. 그리고 마지막으로 하나님도 웃으셨을 것이라고 추측해 볼 수 있다. 이삭이라는 이름은 "그가 웃었다"라는 뜻이다. 놀랍지 않은가?

사라와 아브라함에게는 얼마나 기쁜 순간이었겠는가! 하나님이 약속하신 믿음의 아이가 태어났다. 약속을 성취하기 위해 육체적인 시도를 하거나 좌절로 인해 다른 방도를 취한 것이 아니었다. 이삭이 태어난 지 8일이 되자 아브라함은 하나님의 명령대로 이삭에게 할례를 행했다.

성경에서 8이라는 숫자가 사용될 때는 새로운 시작의 시간을 상징한다. 이 새로운 시작은 불가능한 일(무수한 별과 같은 후손을 얻을 것이라는 믿음)에 대해 아브람이 믿음을 가졌을 때 잉태되었고, 약속이 이루어졌을 때 '웃음이'가 태어났다.

우리 또한 이스라엘이라는 나라를 바라보며 불가능하다고 느껴지는 것들에 대해 믿음을 가져야만 한다. 그리고 불가능한 일들이 이루어질 때 우리의 기쁨이 충만해질 것이라고 온전히 확신해야 한다. 사라의 후손들을 향한 하나님의 약속에 대해 나는 확실한 믿음이 있다. 나와 함께 가지 않겠는가?

사라의 후손들은 누구인가? 사라의 후손들이라는 말은 어떤 의미인가? 아브라함과 사라가 하나가 되어 낳은 유일한 아이는 이삭이었다. 그리고 이삭은 아름다운 여인 리브가와 결혼했다.

"이삭이 리브가를 인도하여 그의 어머니 사라의 장막으로 들이고 그를 맞이하여 아내로 삼고 사랑하였으니 이삭이 그의 어머니를 장례한 후에 위로를 얻었더라" (창 24:67).

"이삭이 그의 아내가 임신하지 못하므로 그를 위하여 여호와께 간구하매 여호와께서 그의 간구를 들으셨으므로 그의 아내 리브가가 임신하였더니" (창 25:21). 알고 있듯이 리브가는 에서와 야곱이라는 서로 싸우며 태어난 쌍둥이 형제를 낳았다. 시간이 지나고 동생 야곱은 어머니의 도움을 얻어 에서로부터 장자의 축복을 간사하게 훔쳐낸다. '발뒤꿈치를 잡는 자', '빼앗는 자'라는 뜻의 이름 야곱은 장자의 축복을 가지고 도망치게 된다. 물론 이는 다시 되돌릴 수 없었다.

야곱은 라헬을 만나 그녀의 아리따움에 반해 그녀와 결혼을 하기로 약속한다. 그러나 라헬의 아버지 라반은 야곱을 속인다. 뿌린 만큼 거둔다는 말은 영원한 진리다! 결혼식이 있던 날 밤 라반은 라헬 대신 라헬의 언니이면서 시력이 약했던 레아를 야곱의 장막으로 들여 보냈다! 칠일이 지난 후 야곱은 자신이 사랑했던 신부 라헬을 맞이하게 되고 소원을 이룬다. 물론 라헬을 위해 또 다시 칠년을 일해야했다(창세기 29장 참조).

레아는 아무 문제없이 야곱의 아들들을 낳았다. 그런데 이 때문에 라헬에게는 시기심과 절망감이 생겨났다.

"라헬이 자기가 야곱에게서 아들을 낳지 못함을 보고 그의 언니를 시기하여 야곱에게 이르되 내게 자식을 낳게 하라 그렇지 아니하면 내가 죽겠노라"(창세기 30:1).

이제 경쟁이 시작되었다. 많은 시행착오와 고통이 라헬을 엄습했다. 그리고 마침내,

> 하나님이 라헬을 생각하신지라 하나님이 그의 소원을 들으시고 그의 태를 여셨으므로 그가 임신하여 아들을 낳고 이르되 하나님이 내 부끄러움을 씻으셨다 하고 그 이름을 요셉이라 하니 여호와는 다시 다른 아들을 내게 더하시기를 원하노라 하였더라
>
> (창세기 30:22-24).

역사서에 따르면 야곱은 하늘 나라와 만나고 밤새도록 하나님의 천사와 씨름을 했다. 이 씨름에서 야곱은 이겼고 하나님의 축복을 얻었다. 그리고 그의 이름은 '기만하는 자'라는 뜻의 야곱에서 이스라엘로 바뀌게 되었다.

이스라엘이라는 이름은 아브라함의 손자인 야곱에게 처음으로 주어진

다. 태생적으로 구속되지 않은 상태의 야곱은 고결하게 행동하지 않는다. 형 에서로부터 장자권을 빼앗을 계획을 하고 형을 기만한다. 에서가 복수하려 하자 야곱은 생명을 구하기 위해 도망을 친다. 솔직히 말해서 이 젊은이는 야훼께서 영원히 총애할 만한 인물은 못되는 것처럼 여겨진다.[1]

야곱은 하나님과 씨름을 했고 이겼다! 이 말을 분명히 들은 것이다. 그러나 나는 주님께서 야곱에게 야곱이 이겼다고 '생각' 하도록 만드셨다고 말하고 싶다. 그리고 이와 마찬가지로 하나님은 당신과 나에게도 그렇게 하셨다. 실제로 하나님은 누구라도 이길 수 있는 분이셨다. 야곱의 본성이 바뀌었다. 그 날 이후로 그는 절름발이로 살아갔다. 이스라엘이라는 이름의 의미는 다음과 같다.

"싸우고, 견디고, 살아남다." 그리고 이스라엘(Yisrael)이라는 말은 "하나님과 함께 하는 왕자"라는 뜻이다. 히브리어로 된 한 희곡에서 "sar"는 "왕자"와 "El(제일, 강함, 능력이라는 의미 — 역주)"이라는 뜻이다. 이 둘의 의미를 조합하면 "Yisrael"이 하나님과 그리고 사람들과 서두에서 이긴 왕자라는 뜻임을 알 수 있다
(창세기 32:28 참조).[2]

이스라엘은 하갈의 아들 이스마엘처럼 많은 아들을 낳았다. 열두

지파가 그의 가계에서 비롯되었다(창세기 30:1-24, 35:16-18 참조). 예언을 해석해 보면 열둘이라는 숫자는 통치의 권위를 나타낸다. 예를 들어 예수님은 열두 제자를 선택하셨다. 이스라엘은 열두 지파를 만들었고 이들은 아브라함과 사라의 후손들로서 하나님의 언약의 약속을 유업으로 물려받았다.

야곱의 열두 아들들 중 유다가 있었다. 그의 이름은 '감사' 또는 '찬양'이라는 뜻이었다. 메시아는 유다 지파로부터 태어난 사자라고 알려져 있다(요한계시록 5:5). 유대인을 뜻하는 *Jew*는 유다에서 나온 말이다.

> 유대(Jew)라는 말은 야곱의 열두 아들 중 하나이자 유다 지파(장차 예수아가 태어나게 될)의 창시자였던 유다(Judah)에서 나왔다…이것이 함축하는 의미는 유대인들이 하나님을 찬양하기 위해 창조된 민족이라는 사실이다.[3]

하나님의 언약 계획

다른 많은 사람들처럼 나는 때때로 대답을 구한다. "이스라엘은 누구인가?", "마지막 날에 교회와 이스라엘의 역할" 등과 같은 주제를 둘러싸고 많은 질문이 터지는 순간 세계적인 성경교사인 데렉 프린스의 논리정연한 이유를 들었던 때가 기억난다. 사람들의 사랑을 받는 이 선구자는 그가 쓴 〈약속의 땅〉(*Promised Land*)에서 자신의 순례길을 연관 지어 설명하고 있다.

나는 성경의 첫 번째 11장이 시작의 역할을 한다는 것을 깨달았다. 이 부분은 배경설명이며 이후에 따라오는 모든 부분들에 대해 무대를 설정한다. 이 이후의 성경은 본질적으로 아브라함의 역사이며 그로부터 이삭과 야곱, 다시 말해 이스라엘을 통해 내려오는 한 나라에 대한 역사이다.

나는 이스라엘이라는 말과 이스라엘 사람들이라는 말 그리고 유대라는 말과 유대인이라는 말이 구분되어 있음을 발견했다. 언어적으로 유대(Jew)는 이스라엘의 열두 지파들 가운데 하나의 이름인 유다(Judah)에서 나왔다.

그런데 바벨론 포로 시절 이후에는 원래 지파가 어디였는가에 상관없이 이스라엘 땅으로 되돌아온 모든 이스라엘 사람들을 유대인이라고 불렀다. 이 사용법이 신약에까지 이어져온다. 예를 들어, 바울은 베냐민 지파 출신이었으나 그는 자기 자신을 유대인이라고 불렀다(사도행전 21:39 참조).

현대의 사용법에서 이 네 가지 단어들은 거의 대부분 서로 같은 말로 혼용되어 사용되고 있다. 이스라엘과 이스라엘인이라는 말은 주로 국적과 배경을 말할 때 사용한다. 유대와 유대인이라는 말은 주로 종교와 문화 그리고 최근의 역사에 더 초점을 맞출 때 사용한다.

1948년 이스라엘이라는 나라가 만들어진 이후 이스라엘인이라는 말이 새로이 생겨났다. 이 말은 유대인이든, 아랍인이든, 드루즈파인이든 상관없이 이스라엘이라는 나라의 시민을 일컫는 말이다. 성경에 기록된 이스라엘의 역사에서 독특한 특성은 이런 현상의 일부분이 예언에 미리 기록되어 있다는 사실이다. 성경의 예언서 부분과 역사서 부분을 모두 종합하면 이스라엘 민족의 온전한 역사를 구성할 수 있다.[4]

이스라엘과 맺은 하나님의 언약은 역사상 가장 오래된 법적 계약이다. 하나님은 아브라함과 언약을 맺으시고 이삭에게 물려주셨다. 세대를 흐르는 축복은 야곱에게도 전달되었다. 야곱 세대에서 그 이름이 이스라엘로 변경된다. 야곱의 인생이 변혁되면서 그는 자신의 불을 열두 지파에게로 전달한다. 그들은 하나님의 약속을 기업으로 물려받게 된다. 이 때 특별한 믿음의 민족으로서 '유대인들'이 존재하게 된다. 그리고 하나님의 언약 계획이 보호를 받는다. 아브라함과 하나님 간의 언약이 만들어진 이후 3,000년 이상의 시간이 지난 지금까지 이 언약의 계약은 유효하다.

이 계약서의 자세한 내용은 모든 사람들이 읽을 수 있도록 성경에 펼쳐지고 있다. 시간적인 제한을 가진 인간의 계약서와는 달리 하나님의 언약의 약속은 하나님 자신의 성실하심과 자비와 사랑이라는 본성과 긴밀하게 연결되어 있다. 그분의 계획은 끝이 없이 무궁한 계획이다. 아브라함과 맺은 하나님의 언약은 무조건적이다.

그렇기 때문에 말씀을 지키고 이 약속이 성취되는 것을 확인하는 분은 궁극적으로 하나님 자신이시다. 예레미야의 "그분의 성실이 크도소이다"라는 말에 공감하는 이유가 바로 이것이다. 하나님은 단지 자신이 그렇게 하겠다고 말씀하셨기 때문에 자신의 언약의 약속을 지키실 것이다. 그리고 당신은 그분의 말씀을 통해 하나님을 알 수 있다! 사라의 후손들은 하나님의 언약의 목적과 계획을 지키는 사람들이다.

최우선 순위는 땅인가? 사람인가? 무엇인가?

이 책을 통해 지금까지 나는 많은 독자들의 고정관념을 흔들어 놓았다고 생각한다. 아마도 내가 급소를 찔렀을 것이다! 하나님의 마음속에서 가장 중요한 것은 무엇일까? 이스라엘 땅일까? 이스라엘 사람들일까?

어떤 사람들의 경우에는 중요한 것을 잘못 알고 있거나 순전히 잘못된 개념을 갖고 있기 때문에 질문에 대한 대답이 "땅"일 수도 있다. 그러나 "땅"이 당신의 답이라면 당신은 시험에 통과하지 못했다. 비록 사라의 후손들과 맺은 언약이 "땅과 관련된 언약"이라 하더라도 그리고 이것이 성령님의 목적과 방법 측면에서 아주 중요하다 하더라도 하나님의 마음에서 최우선적으로 영원히 자리 잡고 있는 것은 바로 '마음의 영역'이다.

그렇다면 이스라엘의 중보자들은 지금 중동 지역이 처해 있는 곤경을 놓고 어떻게 기도해야 하는가? 이스라엘에 살고 있는 메시아주의 학자이자 랍비인 어셔 인트레이터(Asher Intrater) 목사는 다음과 같이 분명하고도 강력하게 설명한다.

> 하나님의 신성한 언약에 의하면 이스라엘의 모든 땅은 유대 민족의 땅입니다. 이스라엘 땅에 대해 이슬람 세계가 소유권을 주장하는 것은 하나님의 말씀에 대한 직접적인 저항이며 도전입니다.[5]

어셔는 계속해서 이렇게 말한다.

> 나는 이스라엘이 모든 땅을 소유해야 한다고 극단적으로 주장하는 사람들과 뜻을 같이합니다. 그러나 여기서 땅에 대한 소유권이 '유일한' 사안은 아닙니다. 다른 문제들을 언급하지 않은 채 어느 한 문제만을 강조할 때 아무리 올바른 것을 말한다 하더라도 실수를 하게 됩니다. 이스라엘에는 학교의 도덕적 타락…실업, 폭력, 정신적 감정적 외상(트라우마) 등등 다른 많은 문제들이 있습니다. 이런 문제들을 돌보는 일 또한 우리의 주된 논의 주제가 되어야 합니다.[6]

어셔가 유대인들 중의 유대인으로서 다음과 같이 말했을 때 광야에서 외치는 그의 격렬하고 강력한 소리는 타격을 날렸다.

> 대부분의 경우에는 복음주의라는 문제가 있습니다. 이스라엘의 구원을 위해 기도하지 않은 채 그 땅을 위해 기도하는 것은 이스라엘을 향한 하나님의 목적들 중 어느 한 측면만을 강조하는 일입니다. 복음주의를 외면한다면 다른 문제들을 적절한 수준 이상으로 더 크게 강조하게 될 것입니다.[7]

1882년, 키시뇨프(Kishiniv)의 유력한 유대인 지도자인 요셉 래비노위츠(Joseph Rabinowitz)가 팔레스타인(당시에 불렸던 이름)을 향해 떠났다. 정통 유대교 공동체는 공식적으로 그를 팔레스타인으로 보냈다. 그는 팔레스타인이 유대인들의 고국을 건설하기에 적절한 곳인지를 확인해야겠다는 데 뜻을 같이한 다른 유대인들을 대표해 간 것이었다. 그 짧은 기간 동안 래비노위츠는 감람산에 올랐다. 막 석양이 질 때 겟세마네 동산 근처 언덕에 앉은 그의 마음속에서 갈등이 일어나기 시작했다.

> 15년 전 읽었던 히브리어로 쓰인 신약성서 중 한 구절이 마음속에 떠올랐다. "그러므로 아들이 너희를 자유롭게 하면 너희가 참으로 자유로우리라"(요한복음 8:36). 그 순간 그는 예수님이 왕이며 메시아이심을, 이스라엘을 구원할 수 있는 유일한 분이심을 깨닫기 시작했다…고향으로

돌아온 래비노위츠는 히브리어로 쓰인 신약성서를 연구했다…그리고 그는 팔레스타인 땅이 유대 민족의 소망인지 아닌지를 알고 싶다는 주장을 접었다. 그는 가슴을 만지며 말하곤 했다. "이곳이 그 땅입니다. 마음의 땅 말입니다. 하나님께서 우리에게 소유하라고 하신 것은 바로 이곳입니다." 때때로 그는 이렇게 덧붙였다. "거룩한 땅의 핵심은 우리의 형제였던 예수님의 손에 있습니다."[8]

요셉 래비노위츠는 구약의 예레미야와 같이 우리의 돌 같은 마음이 부드러운 마음으로 변하게 되기를 기도하며 울부짖는 선구적인 연설가였다. 오늘날 수천 명의 아브라함과 이삭과 이스라엘의 유대인 후손들이 예수아를 그들의 메시아로 믿는 믿음을 가지게 되었다. 유대 민족의 눈이 떠져서 영광스러운 메시아를 바라볼 수 있게 되자 세계적인 히브리인 그리스도인 집회 운동이 생겨나기 시작했다.

많은 사라의 아들 딸들이 일어나서 유일한 진리되신 하나님을 향한 찬양 행렬의 선두를 지키는 합당한 자리에 서기를 기도한다.[9]

말씀에 근거한 기도 연습

지금 기도하고 싶은가? 기도하기에 적당한 때이다. 다시 한 번 성경말씀에 근거한 기도문을 사용해 함께 기도하는 시간을 연습해 보

자. 이번에는 사라의 후손들, 유대 민족을 위한 기도 시간이다. 이스라엘이라는 국가와 함께 전 세계 각지에 흩어져 살고 있는 유대 민족들을 위해서도 중보하자. 나는 가슴이 떨린다. 하나님의 나라가 내려와 부딪히도록 만들 준비가 되었는가?

말씀과 기도: 창세기 21:1-3, 이사야 35:10, 46:3-4

여호와께서 말씀하신 대로 사라를 돌보셨고 여호와께서 말씀하신 대로 사라에게 행하셨으므로 사라가 임신하고 하나님이 말씀하신 시기가 되어 노년의 아브라함에게 아들을 낳으니 아브라함이 그에게 태어난 아들 곧 사라가 자기에게 낳은 아들을 이름하여 이삭이라 하였고

여호와의 속량함을 받은 자들이 돌아오되 노래하며
시온에 이르러 그들의 머리 위에 영영한 희락을 띠고
기쁨과 즐거움을 얻으리니 슬픔과 탄식이 사라지리로다

야곱의 집이여 이스라엘 집에 남은 모든 자여 내게 들을지어다
배에서 태어남으로부터 내게 안겼고 태에서 남으로부터 내게 업힌 너희여
너희가 노년에 이르기까지 내가 그리하겠고 백발이 되기까지 내가 너희를 품을 것이라
내가 지었은즉 내가 업을 것이요 내가 품고 구하여 내리라

은혜로우신 하나님 아버지, 당신의 백성 이스라엘을 주목하소서. 당신께서 약속하신 대로 행하소서. 모든 역경에도 불구하고 정한 때에 이스라엘이 웃음과 기쁨을 낳을 수 있게 하소서. 여호와의 구원하심이 이스라엘을 향해 기뻐하는 외침 소리와 함께 돌아오게 하실 것에 감사합니다. 그들이 영원히 기뻐하고 즐거워할 것으로 인해 감사합니다. 당신은 '엘 샤다이' 모든 것에 부족함이 없으신 분, 완전하게 공급하시며 당신의 자녀를 만족시키시는 분이십니다. 예수님께서 그 이름으로 다시 오실 때까지 당신의 백성을 계속 끌어가시고 그들을 참으시고 메시아의 이름으로 그들을 구원하소서. 아멘.

말씀과 기도: 로마서 11:25-27

형제들아 너희가 스스로 지혜 있다 하면서 이 신비를 너희가 모르기를 내가 원하지 아니하노니 이 신비는 이방인의 충만한 수가 들어오기까지 이스라엘의 더러는 우둔하게 된 것이라. 그리하여 온 이스라엘이 구원을 받으리라 기록된 바 구원자가 시온에서 오사 야곱에게서 경건하지 않은 것을 돌이키시겠고 내가 그들의 죄를 없이 할 때에 그들에게 이루어질 내 언약이 이것이라 함과 같으니라.

하나님 아버지, 우리가 스스로 지혜롭다고 하지 않게 하소서. 우리가 이스라엘의 신비를 이해하게 하소서. 이방인 된 우리가 풍요로운 당신의 생명나무에 접붙이게 하심으로써 당신의 자비와 은혜를 우리에게 나누어 주시니 감사합니다. 교회가 교회의 임무를 성취하게 하시고 온 세상에 복음을 전하게 하소서. 그리하여 모든 이방인들이 하나님의 나라로 들어오며 구원이 온 이스라엘에 이르게 하소서. 당신께서 오셔서 당신의 본래 가지인 유대인들을 구원하시고 이스라엘로부터 모든 경건하지 못한 것을 제하시기를 기도합니다. 그들의 죄를 없애시고 그들을 당신에게로 회복시키소서.

당신의 크신 이름으로 기도합니다. 아멘.

말씀과 기도: 이사야 60:1-2

일어나라 빛을 발하라 이는 네 빛이 이르렀고 여호와의 영광이 네 위에 임하였음이니라
보라 어둠이 땅을 덮을 것이며 캄캄함이 만민을 가리려니와 오직 여호와께서 네 위에 임하실 것이며 그의 영광이 네 위에 나타나리니

하나님 아버지 당신의 영광이 이스라엘에서 일어나게 하소서. 그리하여서 그들이 당신의 존재 앞에 밝은 빛을 발하게 하소서. 중동과 온 땅 가운데 있는 기다란 어두움 속에서 간구합니다. 당신의 백성 위에 일어나소서. 당신의 영광이 이스라엘 위에 나타나소서. 이스라엘의 하나님이 높임을 받으소서. 당신의 구원이 전 세계의 유대 백성들에게 타오르는 횃불처럼 계시되게 하소서. 당신의 계시의 영을 부으시고 메시아를 믿는 움직임 속에 있는 온전한 유대인들에게 은총을 베푸사 유대 민족 가운데 그들을 크게 사용하옵소서.

하나님의 나라를 위해 기도합니다. 아멘.

이제 우리는 어디로 갈 것인가?

지금쯤 당신은 "짐 골 목사님, 우리를 놀라게 할 것들이 더 기다리고 있습니까?"라고 궁금해할지도 모른다. 나는 그렇다고 생각한다. 어린 아이와 같은 마음을 가지고 그리고 호기심 어린 학생처럼 기다려 보자. 사라가 아이를 낳는 모습을 상상하면서 아브라함이 웃었던 일을 기억해 보라. 사라가 죽은 이후 그보다 더 나이가 든 아브라함이 그의 아내 그두라를 통해 여섯 명의 아들을 또 낳았을 때 그가 얼마나 놀라고 기뻤을지 상상할 수 있겠는가?

아브라함의 자손들을 위해 기도하는 제 2부의 마지막 장에서는 그두라의 후손들을 살펴보려 한다.

● 묵상 질문

1. 오늘날 사라의 후손들은 누구입니까?

2. 하나님의 마음에서 가장 중요한 것은 무엇입니까? 이스라엘의 영토입니까? 아니면 이스라엘 사람들의 마음입니까? 왜 그렇습니까?

3. 유대 민족들을 대신해서 하나님의 음성을 듣기 전에 당신이 할 수 있는 성경 말씀에 근거한 기도는 무엇입니까?

● 참고 서적

Finto, Don. *Your People Shall Be My People*. Ventura, Calif.: Regal Books, 2001.

Hedding, Malcolm. *Understanding Israel*. Oklahoma City, Okla.: Zion's Gate International, 2002.

6

그두라의 후손들

그 날에 이스라엘이 애굽 및 앗수르와 더불어
셋이 세계 중에 복이 되리니 이는 만군의 여호와께서 복 주시며 이르시되
내 백성 애굽이여, 내 손으로 지은 앗수르여, 나의 기업 이스라엘이여,
복이 있을지어다 하실 것임이라
(이사야 19:24-25)

이번 장을 시작하면서 솔직하게 내 모습을 있는 그대로 말해야겠다는 생각이 든다. 나는 여러 해 동안 성경을 읽었다. 이 책을 쓸 무렵 나의 사역 기간은 30년 정도 되어 있다. 그러나 지금까지 살아오면서 단 한 번도 그두라에 대한 가르침을 들어본 적이 없다. 그두라의 자녀들에 대한 예언적 소명에 대해서도 물론 들어본 적이 없다.

나는 이 책의 원고를 위해 지난 3년간 기도해 왔다. 나는 내가 어떤 책을 쓸 것인지 잘 알고 있다고 생각했다. 그러나 책을 써내려가는 동안 성령님께서는 계속해서 내 길을 막으셨다. 글 쓰는 작업이 연이어 지연되는 사태가 일어났다. 나는 이 '방해하는 일들'이 모두 무엇 때문인지 궁금했다. 그런데 '지연'되는 일이 발생할 때마다 하나님께서는 나의 이해의 폭을 더해 주셨다.

이제 더 이상 나를 소개하면서 이 분야에 관해 잘 알고 있는 사람이라고 말하지 않는다. 나 또한 다른 모든 사람들처럼 빚어져 가고 있는 중이다. 앞으로 5년이나 15년 후쯤 이 책을 다시 쓰고 싶다. 이러한 관점을 염두에 두고 아브라함의 '모든' 후손들의 삶을 들여다봄으로써 새로운 세계에 한 걸음 더 다가가 보자.

만족스러운 삶

아브라함의 아내 사라는 이삭이 태어난 지 거의 40년 동안을 더 살다가 죽었다. 창세기 23장은 다음과 같이 말한다.

> 사라가 백이십칠 세를 살았으니 이것이 곧 사라가 누린 햇수라. 사라가 가나안 땅 헤브론 곧 기럇아르바에서 죽으매 아브라함이 들어가서 사라를 위하여 슬퍼하며 애통하다가…

(창세기 23:1-2).

아브라함은 사라를 매우 사랑했다. 그녀의 죽음으로 인한 슬픔과 고통이 매우 컸을 것이다. 아브라함은 아들 이삭을 위해 훌륭한 아내를 찾아 준 이후 그두라라는 또 다른 아내를 맞이했다. 창세기에서는 그두라에 대해 다음과 같이 말한다.

> 그가 시므란과 욕산과 므단과 미디안과 이스박과 수아를 낳고 욕산은 스바와 드단을 낳았으며 드단의 자손은 앗수르 족속과 르두시 족속과 르움미 족속이며 미디안의 아들은 에바와 에벨과 하녹과 아비다와 엘다아이니 다 그두라의 자손이었더라
>
> (창세기 25:2-4).

그두라는 사라와 하갈이 낳은 자녀들을 모두 합한 것보다 더 많은 자손을 낳았다. 이 사실은 매우 흥미롭다.

아브라함은 자신이 죽기 전에 그두라의 아들들에게 재산을 주어 아들 이삭과 멀리 떨어진 곳, 동방의 땅으로 보냈다(창세기 25:6 참조). 미디안 민족의 아버지인 미디안이 바로 그두라의 아들들 중 하나였다. 그두라의 자손들 중 일부는 페르시아라 불리는 땅으로 갔고, 또 다른 일부는 분명 앗수르 지역으로 흩어졌다.

창세기에는 다음과 같이 기록되어 있다.

아브라함의 향년이 백칠십오 세라. 그의 나이가 높고 늙어서 기운이 다 하여 죽어 자기 열조에게로 돌아가매
(창세기 25:7-8).

한 노인이 이 땅을 떠나는 마지막 모습이었다. 그는 삶에 만족했고 많은 자손을 남겼다!

아브라함의 아들 이삭과 이스마엘은 아버지를 돌무덤에 장사하기 위해 왔다. 놀라운 구절이다! 그들은 함께 왔다. 그들은 아버지를 기억하고 편히 쉬게 하기 위해 연합했다(창세기 25:9 참조). 이 모습은 앞으로 이루어지게 될 일이라는 생각이 든다. 하나님 아버지는 아브라함의 자손들 속에서 이러한 일을 이루실 것이다. 역사의 어느 시점, 어느 시간에 그들 모두가 동일한 목적을 위해 함께 모이게 되지 않을까?

그두라의 후손들은 하나님을 찬양할 것이다!

이사야는 그두라의 후손들에 대해 이렇게 예언했다. "허다한 낙타, 미디안과 에바의 어린 낙타가 네 가운데에 가득할 것이며"(이사야 60:6). 미디안이 그두라의 아들이었고 에바가 그두라의 손자였음을 기억하라. 이 구절의 다음 부분에서 이사야는 또 다른 그두라의 손자

인 스바에 대해 언급한다. "스바 사람들은 다 금과 유향을 가지고 와서 여호와의 찬송을 전파할 것이며…"

다른 어느 곳에서 금과 유향을 동시에 언급하는 것을 들어본 적이 있지 않은가? 이것은 예수님의 탄생 때 동방박사들이 가져왔던 세 개의 선물들 중 두 개였다(마태복음 2:1-12). 그들이 그두라의 자손들이었다고 확인할 수는 없다. 그러나 그들은 그두라의 자손들이 정착했던 동방에서 왔으며 이사야의 예언과 확실하게 일치한다.

메시아의 탄생에서 이 예언이 말 그대로 성취되었든 아니면 이 예언이 앞으로 미래에 대한 예언이든, 최소한 우리가 동의할 수 있는 사실은 그두라의 자녀들에 대한 예언적 소명이 있다는 것이다. 이들은 커다란 부를 소유한 민족으로 일어나 단 한 분, 진리의 하나님을 경배하게 될 것이다. 그들은 여호와의 찬송을 전파할 것이다!

이제 아직 성취되지 않은 이사야의 놀라운 예언으로 가보자. 이 구절에서 우리는 하갈과 사라와 그두라의 후손들이 함께 나아가는 모습을 보게 될 것이다. 이 예언을 읽을 때 하갈이 애굽인이었고 히브리인의 피와 애굽의 피가 반반씩 섞인 자신의 아들에게 아내를 찾아 주기 위해 애굽으로 돌아갔던 것을 기억하라. 또한 그두라의 후손들이 앗수르와 그 주변 지역에 정착했던 것을 기억하라.

> 이것이 애굽 땅에서 만군의 여호와를 위하여 징조와 증거가 되리니 이는 그들이 그 압박하는 자들로 말미암아 여호와께 부르짖겠고 여호와께

서는 그들에게 한 구원자이자 보호자를 보내사 그들을 건지실 것임이라…그 날에 애굽에서 앗수르로 통하는 대로가 있어 앗수르 사람은 애굽으로 가겠고 애굽 사람은 앗수르로 갈 것이며 애굽 사람이 앗수르 사람과 함께 경배하리라 그 날에 이스라엘이 애굽 및 앗수르와 더불어 셋이 세계 중에 복이 되리니 이는 만군의 여호와께서 복 주시며 이르시되 내 백성 애굽이여, 내 손으로 지은 앗수르여, 나의 기업 이스라엘이여, 복이 있을지어다 하실 것임이라

(이사야 19:20, 23-25).

하나님은 궁극적으로 애굽을 겸손하게 만드실 것이다. 그래서 애굽은 도와달라고 부르짖게 될 것이다. 아랍 민족은 심한 압제자들 때문에 부르짖게 될 것이며, 하나님은 명백하게 그들의 구원자, 보호자가 되실 것이다. 중동 지역의 커다란 압박과 전면전의 가능성 속에서 하나님은 아랍 민족들에게 그분 자신을 알리게 될 것이고 그들은 하나님께로 돌아올 것이다.

이사야는 그들이 가야 할 길을 묘사했다. "그 날에 애굽이 여호와를 알고 제물과 예물을 그에게 드리고 경배할 것이요 여호와께 서원하고 그대로 행하리라"(이사야 19:21). 이는 그들이 단지 하나님을 만나게 될 것이라는 의미가 아니다. 그들은 진정한 제자가 되어 순종하는 삶을 살게 될 것이다.

이러한 하나님의 움직임은 또한 앗수르, 즉 터키, 이라크, 이란 그

리고 다른 중동 지역에도 영향을 줄 것이다. 그두라의 자녀들은 광활한 앗수르 땅 전역에 흩어졌다! 오늘날에도 그들은 정체성을 가지고 있다. 그러나 그 정체성이 불투명한 이유는 아브라함이 그들을 요단강 반대편의 동방으로 보냈기 때문이었다(창세기 25:6 참조).

상상해 보라. 한때 예수 그리스도의 초기교회가 번영했던 바로 그 소아시아 지역이 다시금 잿더미 속에서 일어나 진정하고 활력이 넘치는 예배를 드리게 될 것이다. 이슬람으로 인해 마귀에 붙잡힌 것처럼 보이는 땅들이 구원을 받게 되고 더러운 것들에서 깨끗하게 될 것이다.

지난 수천 년 동안의 깨어진 약속과 아랍 민족과 유대 민족 간의 증오와 미움이 있었지만 이 날은 진정으로 영광스러운 날이 될 것이다! 저주가 거두어지고 하나님의 축복이 드러나는 역사적인 날이 될 것이다. 얼마나 굉장한 날인가!

나는 그 날을 상상할 수 있다!

중동은 복잡하게 엮인 실타래와 같은 곳이다. 그러나 성령님은 흑암 덩어리를 품고 덮고 계신다. 그분은 이 일의 전문가시다. 성령님에 대한 첫 번째 언급에서 그분이 깊은 수면 위를 덮고 계셨음을 기억하라. 하나님은 혼란 가운데 질서를 가져오시는 분이시다. 성령님은 변화를 가져와서 모든 것들을 새롭게 하시는 분이시다!

이사야에 따르면 이집트에서부터 앗수르까지 고속도로가 놓이게 될 것이다. 사람들은 자유롭게 왔다 갔다 할 것이다. 아마도 함께 하나님을 경배하며 이스라엘의 한가운데를 통과하게 될 것이다. 나는 상상할 수 있다!

아브라함의 모든 씨가 복을 받게 될 것이다

이사야 19장의 마지막은 너무나 강력하다. 나는 이 절을 다시 한 번 읽어보고 싶다.

> 그 날에 이스라엘이 애굽 및 앗수르와 더불어 셋이 세계 중에 복이 되리니 이는 만군의 여호와께서 복 주시며 이르시되 내 백성 애굽이여, 내 손으로 지은 앗수르여, 나의 기업 이스라엘이여, 복이 있을지어다 하실 것임이라
>
> (이사야 19:24-25).

하나님의 백성, 하갈의 후손들이 복을 받는다! 하나님의 손으로 지으신 그두라의 후손들이 복을 받는다! 사라의 후손인 하나님의 기업이 복을 받는다!

하나님은 동시에 여러 가지 일을 행하실 수 있다. 그분은 한 번에 여러 개의 일을 탁월하게 성취하시는 분이시다! 성경의 예언들에 따르면 이스라엘에서 쫓겨난 자들을 그들의 고향땅으로 모으시는 하나님께서는 동시에 아브라함의 모든 후손들 사이에서 커다란 일을 하기 위한 무대를 준비하고 계신다. 하나님, 우리 모두를 놀라게 해주

십시오. 그렇게 해주십시오!

중동의 모든 민족들을 위해 기도하라

얼마나 좋은가? 하나님은 중동의 모든 민족들에게 복을 주시겠다고 예언적으로 선포하셨다. 그들이 모두 아브라함의 씨에서 나왔기 때문이다. 그러나 하나님의 축복을 방해하려는 마귀가 일어났다. 수천 년 동안 성전(聖戰), 아니 차라리 부정한 전쟁이라고 불러야 할 전쟁이 휘몰아쳤다. 갈등은 계속해서 더 심해졌고 대규모의 흉악한 전쟁이 일어나려 하고 있다. 그러나 나는 지금 이곳에서 선포한다. 하나님께서는 이슬람의 베일을 뚫으실 것이다. 하나님의 움직임은 페르시아, 이라크, 시리아, 레바논, 이집트 그리고 물론 이스라엘로부터 나오게 될 것이다.

커다란 빛의 시대가 오기 전에 암흑의 시대가 온다

이제 모든 오해를 바로잡아야겠다. 현재 내가 성경을 읽는 관점에서 바라볼 때 이사야 19장이 온전히 성취되기 전에 많은 강렬한 다툼과 전쟁이 일어나게 될 것이다. 내가 눈가리고 아웅하는 것이 아니다! 이사야 60장 1-3절은 베일을 벗기고 커다란 빛이 나타나기 전에 커다란 암흑의 시기가 먼저 올 것이라는 성경적인 원리를 말하고 있다. 이방인들은 밝게 빛나는 빛으로 나아올 것이고, 왕들조차 밝게 빛나는 이 커다란 빛에 절하게 될 것이다. 그러나 그보다 먼저 끔찍한 어둠이 올 것이다.

이제 시편 83편 3-8절과 16-18절을 생각해 보자.

> 그들이 주의 백성을 치려 하여 간계를 꾀하며 주께서 숨기신 자를 치려고 서로 의논하여 말하기를 가서 그들을 멸하여 다시 나라가 되지 못하게 하여 이스라엘의 이름으로 다시는 기억되지 못하게 하자 하나이다. 그들이 한마음으로 의논하고 주를 대적하여 서로 동맹하니 곧 에돔의 장막과 이스마엘인과 모압과 하갈인이며 그발과 암몬과 아말렉이며 블레셋과 두로 사람이요. 앗수르도 그들과 연합하여 롯 자손의 도움이 되었나이다…

> 여호와여 그들의 얼굴에 수치가 가득하게 하사 그들이 주의 이름을 찾게 하소서.
> 그들로 수치를 당하여 영원히 놀라게 하시며 낭패와 멸망을 당하게 하사 여호와라 이름하신 주만 온 세계의 지존자로 알게 하소서.

많은 성경 교사들은 이 시편이 아직 성취되지 않았음에 동의한다. 여기서 말하는 '그들'은 아직 이 정도의 미움으로 뭉쳐 동맹을 이루지 않았다. 이 구절에서 말하는 민족들이 '북쪽 땅의 민족'들은 아니다. 그렇다고 '독일'을 말하지도 않는다. 사실, 이집트조차 이 목록에서는 빠져 있다! 함께 간계를 꾀하는 이 동맹은 누구이며 정체가 무엇인가?

시편 83편은 지친 유대인 나라에 저항해 문제를 일으키는 동맹들에 대해 생생하게 묘사하고 있다. 더 자세한 내용은 산드라 텝린스키(Sandra Teplinsky)의 글로 돌아가보자.

> 시편 83편 5-8절은 (이집트를 제외한) 이웃의 모든 나라들이 이스라엘에 대적해 연합하는 모습을 보여 준다. 에돔과 이스마엘인(요르단 남부와 사우디 아라비아), 모압(요르단 중부), 하갈인(시리아와 아라비아), 그발(요르단 남부), 암몬(요르단 중부), 아말렉(시나이 사막), 블레셋(가자 지구), 두로(레바논 남부) 그리고 앗수르(시리아 · 이라크)이다. 4절은 그들의 호전적인 전쟁의 외침처럼 들린다. "가서 그들을 멸하여 다시 나라가 되지 못하게 하여 이스라엘의 이름으로 다시는 기억되지 못하게 하자."[1]

이 장면은 어떤 측면에서는 새로운 것이 아니다. 앞서 설명했듯이 이스라엘은 태생에서부터 대적이 이스라엘의 목을 따기 위해 칼을 들고 가까이 서 있었다. 이 위협에 대해 하나님의 선지자 시편기자는 어떻게 반응했는가? 이런 일들이 일어나는 것을 바라보는 우리는 어떻게 반응해야 하는가? 시편기자는 하나님의 크신 이름, 위대한 이름만이 온 땅에 알려지도록 그분 자신을 영화롭게 하시라고 부르짖는다. 시험의 시기에 하나님의 목적은 그분 자신을 영화롭게 하시는 것이다.

> 하나님은 궁극적으로 아랍, 팔레스타인 대 이스라엘의 갈등을 사용하셔서 그분 자신을 영화롭게 하실 것이다. 하나님은 피에 물든 두 민족들이 알라가 아니라, 예수가 없는 유대 신앙이 아니라, 전 세계의 세속적인 인본주의나 다른 어떤 것이 아니라 하나님만이 가장 높으신 분임을 깨닫기를 원하신다.[2]

전 세계의 눈들이 이스라엘에 임박한 멸망의 순간을 바라보고 있을 때 하나님께서 이스라엘의 대적들에게 은혜를 베푸시기 위해 그들을 수치스럽게 만든다면 과연 어떻게 될까?

빛은 어두움을 이긴다

먼저 어두움이 왔고 그리고 나서 빛이 비추었다(요한복음 1:5 참조). 빛과 어두움 사이에는 경쟁이 있을 수 없었다. 집에 들어가서 스위치를 켜면(전선이 올바로 연결되어 있다면) 바로 밝은 빛이 어두움을 몰아낸다. 어두움은 일시적인 상태다! 나는 지금 악의 세상이 도래할 것을 선포하고자 하는 것이 아니다. 지금 많은 책의 저자들이 악의 시대가 올 것이라고 선포하고 있다. 나는 우리의 지경을 넓혀서 가장 힘들고 어려운 시대의 한가운데 있을지라도 하나님의 구원의 목적을 바라볼 수 있도록 도우려는 것이다. 궁극적으로 어떻게든 언젠가는 빛이 어두움을 이길 것이다!

아브라함의 후손들을 향한 하나님의 약속에 관해 나누었던 성경 말씀은 모두가 이 목적을 위한 것이다. 중동의 매우 어두운 상황 가운데 빛과 소망을 가져오기 위한 것이다. 우리 모두가 요엘의 예언을 알고 있다면 우리는 이 세상이 끝나갈 때 하나님께서 모든 백성들에게 그분의 영을 부어 주실 것을 확신할 수 있다(요엘 2:28-29 참조).

말씀에 근거한 기도 연습

이번 장에서도 우리는 어떻게 기도 연습까지 오게 되었다! 휴 하고 숨을 내쉬어야겠다(잠시 동안 나는 독자들을 잃어버릴지도 모른다는 생각을 했다). 이제 우리의 시각을 말씀에 근거한 기도에 맞추어 보자.

말씀과 기도: 이사야 19:23-25

그 날에 애굽에서 앗수르로 통하는 대로가 있어 앗수르 사람은 애굽으로 가겠고 애굽 사람은 앗수르로 갈 것이며 애굽 사람이 앗수르 사람과 함께 경배하리라. 그 날에 이스라엘이 애굽 및 앗수르와 더불어 셋이 세계 중에 복이 되리니 이는 만군의 여호와께서 복 주시며 이르시되 내 백

성 애굽이여, 내 손으로 지은 앗수르여, 나의 기업 이스라엘이여, 복이 있을지어다 하실 것임이라

하늘에 계신 아버지 당신께서 저에게 많은 약속을 주시고 모든 약속을 성취하실 것에 감사드립니다. 또한 당신께서 아브라함과 그의 후손들에 대해 맺은 모든 약속들을 성취하실 것에 감사드립니다. 아브라함이 하갈과 사라와 그두라를 통해 얻은 모든 후손들이 함께 모여 한 목소리로 당신을 경배하는 날이 속히 오게 하소서. 그두라의 후손들이 당신의 손으로 지은 자들이며 이 땅에 복이 될 것이라는 말씀에 동의합니다. 그두라의 후손들을 축복하셔서 그들을 당신에게로 이끄시기를 간구합니다. 예수아가 그들의 메시아임을 그들에게 계시하소서. 거룩하고 공의로운신 하나님의 이름을 위해 아브라함의 후손인 그두라의 후손들을 통해 예수께서 겪으신 고통이 보답될 수 있기를 기도합니다. 아멘.

말씀과 기도: 이사야 60:6

허다한 낙타, 미디안과 에바의 어린 낙타가 네 가운데에 가득할 것이며 스바 사람들은 다 금과 유향을 가지고 와서 여호와의 찬송을 선파할 것이며

하나님 아버지, '어린 낙타들' 과 그두라의 모든 후손들이 당신에게 나아와서 이스라엘과 호의적인 관계를 가질 수 있기를 간구합니다. 그들을 축복하소서. 그들의 자손을 늘리소서. 그들을 번영케 하소서. 그들이 이스라엘

과 하나님 나라를 축복하기 위해 자신들의 부를 사용하도록 영을 부어 주소서. 그들이 중동 지역과 이 땅 가운데 하나님의 찬송을 전파하는 자들로 알려지게 되기를 기도합니다. 그들을 그들의 조상 아브라함의 하나님을 예배하는 자들로 세우소서. 당신의 크신 이름으로 기도드렸습니다. 아멘.

말씀과 기도: 마태복음 9:36-38

> 무리를 보시고 불쌍히 여기시니 이는 그들이 목자 없는 양과 같이 고생하며 기진함이라. 이에 제자들에게 이르시되 추수할 것은 많되 일꾼이 적으니 그러므로 추수하는 주인에게 청하여 추수할 일꾼들을 보내 주소서 하라 하시니라

하나님 아버지 당신의 긍휼하심은 당신의 아들 예수님의 심장에서 타올랐습니다. 아브라함의 후손들의 고통을 기쁨과 축복으로 바꾸어 주소서. 그들의 영혼이 버린 바 되지 않게 하시고 그들의 조상 아브라함의 하나님 가운데 소망을 둘 수 있게 하소서. 잘못된 길로 가는 그들을 변화시키시고 하나님의 의의 길로 인도하소서. 그들이 의로움에 주리고 목마르게 하소서. 당신의 생명수를 이 마르고 거친 땅에 가져가도록 추수할 일꾼을 이 밭으로 보내 주소서. 당신의 일꾼들이 하나님 나라를 위해 많은 것을 거둘 수 있기를 기도합니다. 아멘.

말씀과 기도: 요한복음 10:14-16

나는 선한 목자라 나는 내 양을 알고 양도 나를 아는 것이 아버지께서 나를 아시고 내가 아버지를 아는 것 같으니 나는 양을 위하여 목숨을 버리노라. 또 이 우리에 들지 아니한 다른 양들이 내게 있어 내가 인도하여야 할 터이니 그들도 내 음성을 듣고 한 무리가 되어 한 목자에게 있으리라

예수님, 예수아, 메시아시여 당신은 좋으신 목자이시며 당신의 양을 모두 알고 계십니다. 당신께서는 하갈과 사라와 그두라를 통해 낳은 아브라함의 모든 후손들을 위해 당신의 목숨을 내놓으셨습니다. 하갈과 그두라의 후손들을 당신의 우리로 데려오소서. 그들의 귀가 속히 당신의 음성을 듣게 하소서. 그들이 이스라엘의 후손들과 연합해 모든 아브라함의 후손들이 그들의 위대한 목자이신 당신 앞에 한 양무리가 되게 하소서. 당신은 전능하신 하나님이십니다. 당신은 당신의 말씀이 이루어지게 하실 것입니다.

예수 이름으로 기도드렸습니다. 아멘!

아브라함의 약속의 아들

아브라함의 세 아들들을 통해 만들어진 나라들은 대략적으로 진정한 메시아이신 예수아, 예수 그리스도 우리 주님을 알아채지 못했

다. 유대인들은 여전히 메시아가 나타나기를 기대하고 있으며 다른 민족들은 그들에게 메시아가 필요한지조차 깨닫지 못하고 있다. 대부분이 모하메드와 예수를 선지자로 받아들이지만 그들은 메시아가 필요하다고 믿지 않는다. 성경의 예언서들은 결정적인 시기가 되면 이 아브라함의 후손들이 진정한 메시아를 받아들일 것이라고 예측하고 있다.

나는 이사야서 19장 20절의 말씀을 좋아한다. "여호와께서는 그들에게 한 구원자이자 보호자를 보내사." 보호자가 올 것이다. 야곱에게서 경건하지 못한 것을 제하기 위해 새로운 언약을 전하는 자가 올 것이다. 진정한 메시아이신 예수아, 예수님은 이렇게 분명하게 말씀하셨다. "또 이 우리에 들지 아니한 다른 양들이 내게 있어 내가 인도하여야 할 터이니 그들도 내 음성을 듣고 한 무리가 되어 한 목자에게 있으리라"(요한복음 10:16). 커다란 영적 부흥이 하나님의 주제이다. 그리고 이는 나일 강에서 유프라테스까지 이르는 중동 전역에 살고 있는 아브라함의 모든 후손들을 포함하게 될 것이다.

놀라운 확신

최근 나는 하나님의 섭리로 고향에서 철야 예배 야경회를 인도하는 일을 돕고 있었다. 가장 마지막 기도회는 새벽 3시 30분에서

5시까지였고 '이스라엘을 위한 기도 파수꾼' 기도회였다. 나는 이 책을 쓰는 동안 내가 얼마나 힘겨웠는지에 대해 설명하기 시작했다. 책을 쓰는 과정에서 나 자신이 학생이 되어 내 마음의 지경을 넓혀 중동의 모든 후손들을 위해 기도하게 되었다는 내용을 설명했다.

내가 설명을 마치자 두 명의 젊고 아름다운 여성들이 단 위로 걸어 나왔다. 한 명은 예수를 메시아로 믿는 메시아주의 유대인이었다. 다른 한 명의 기름부음 받은 젊은 여성은 이란 출신이었다. 이 여성은 이라크를 통해 이란을 빠져 나와 미국까지 이르는 긴 여행을 해왔다. 그녀는 유대인의 피가 흐르는 페르시아인이었으며 예수를 믿는 자였다. 그곳에서 우리의 눈앞에는 사라와 그두라의 후손이 서 있었다. 그 다음으로 또 다른 어두운 피부색의 메시아주의자 한 사람이 예배단 위의 두 명 옆에 섰을 때 많은 사람들이 감사기도와 중보기도를 올려드리며 그들을 향해 눈물을 흘렸다.

그 세 사람은 서로 부둥켜안았다. 세 번째 젊은 여성은 북아프리카에서 왔다. 우리의 눈앞에는 완전한 그림이 펼쳐 있었다. 세 사람은 중동 지역에 대한 하나님의 목적이 이루어지기를 울며 기도하는 가운데 연합되었다.

하나님은 우리 모두를 위해 놀라운 일들을 준비하고 계신다!

하갈과 사라와 그두라의 후손들이 모두 단 한 분뿐인 진리의 하나님을 찾고 예수의 이름으로 서로 껴안을 수 있게 하소서!

아브라함의 후손들을 위한 마지막 기도

하나님 아버지, 지금 당신께 감사합니다. 비록 우리가 완전히 이해하지는 못하지만, 그리고 당신의 말씀이 어떻게 펼쳐질지 알지 못하지만, 하나님께서는 당신의 마음속에 놀랍고 거대한 계획을 가지고 계십니다. 그래서 우리는 이스마엘의 후손들을 위해 부르짖습니다. 눈을 가리는 것들이 예수아의 거룩한 이름으로 떨어져 나가기를 기도합니다. 하나님께서는 언젠가 열왕들이 당신의 빛나는 빛으로 나아올 것이라고 말씀하십니다. 동쪽으로 보내졌던 그두라의 후손들이 금과 향유를 가지고 되돌아와서 한 분뿐인 진리의 하나님께 경배하고 하나님께 찬송과 영광을 돌리기를 기도합니다.

그래서 예언이 이미 성취되었든 그렇지 않든 성취될 것에 대해 당신께 감사합니다. 하나님 감사합니다! 그두라의 예언적 소명이 열매 맺기를 간구합니다. 사라의 후손들을 위해서도 기도합니다. 유대 민족의 눈을 가리는 것이 떨어져 나가기를 기도합니다. 로마서에서는 이방인들의 수가 충만해지는 때가 차면 이스라엘이 돌아올 것이라고 쓰여 있습니다. 이방인인 그두라와 하갈의 후손들을 축복합니다. 이들 이방인들의 수가 충만해지게 하소서. 이번에는 그들이 유대 민족의 눈에서 눈을 가리는 것을 떼어 내도록 돕게 하소서. 아멘, 아멘!

이제 소명의 도시 예루살렘에 대한 약속으로 옮겨 가자![3]

● 묵상 질문

1. 오늘날 그두라의 후손들은 누구입니까?

2. 성경에서 그두라의 후손들을 위한 예언적인 약속에는 어떤 것들이 있습니까?

3. 이란과 이라크, 요르단, 시리아 그리고 중동의 다른 땅에 살고 있는 민족들을 위해 기도할 때 어떻게 축복기도를 할 수 있습니까?

● 참고 서적

Somerville, Robert. *The Three Families of Abraham*. Huntsville, Ala.: Awareness Ministry, 2002.

Archbold, Norma. *The Mountains of Israel*. Jerusalem, Israel: Phoebe's Song Publication, 1993.

제3부

하나님의 목적이 온전히 이루어지도록 기도하라!

7

소명의 도시, 예루살렘

예루살렘을 택하여 내 이름을 거기 두고

또 다윗을 택하여 내 백성 이스라엘을 다스리게 하였노라 하신지라

(역대하 6:6)

고대 지도를 보면 예루살렘이 이 땅의 중심으로 나타나 있다. 성경 전체를 통해 하나님께서 우리에게 그 이름으로 기도하라고 명하신 유일한 도시가 바로 예루살렘이다. 성경에서 예루살렘은 881회나 언급된다! 시편기자는 다음과 같이 선포한다.

예루살렘을 위하여 평안을 구하라

예루살렘을 사랑하는 자는 형통하리로다

네 성 안에는 평안이 있고 네 궁중에는 형통함이 있을지어다
내가 내 형제와 친구를 위하여 이제 말하리니
네 가운데에 평안이 있을지어다
여호와 우리 하나님의 집을 위하여 내가 너를 위하여 복을 구하리로다
(시편 122:6-9).

하나님께서는 우리에게 각자 살고 있는 도시와 나라를 위해 중보기도할 수 있는 제사장의 권위를 주셨다. 그러나 하나님을 경외하는 모든 믿는 자들 또한 기도해야 한다고 언급되는 도시가 바로 예루살렘이다. 예루살렘은 서양과 동양이 만나는 도시이다. 극과 극이 대비되고 커다란 분쟁이 있는 도시, 이와 동시에 커다란 소명을 가진 도시가 바로 예루살렘이다. 예루살렘은 그리스도인들과 유대인 그리고 무슬림들이 동시에 성지라고 여기는 곳이다. 전 세계적으로 그리고 하나님의 마음에서도 매우 특별한 도시가 바로 예루살렘이다.

통계사무국에 따르면 예루살렘에는 69만 2,300명의 주민이 거주하고 있다. 이스라엘에서 가장 인구가 많은 도시이자 지형적으로도 가장 큰 도시이다(텔아비브의 두 배 크기이다). 2003년 한 해 동안 예루살렘의 인구는 1만 2,000명이 늘어나 1.7%의 인구 성장률을 기록했다.

2002년에는 거주민의 66%가 유대인, 31%가 무슬림 그리고 2%가 그리스도인이었다. 15세 이하 아동이 차지하는 비율은 도시 전체 인구의 35%에 달한다. 그중 약 53%는 급진정통파(Ultra-Orthodox, 가

장 보수적인 유대교 하레디파—역주) 학교에 다녔고, 28%는 일반 학교에 다녔다. '이스라엘 연구를 위한 예루살렘 센터'의 통계치에 따르면 일반 이스라엘인들은 꾸준히 도시를 떠나 이주하고 있다.[1] 이것이 예루살렘의 흐름일까? 예루살렘이 점점 더 '종교적으로 보수적인 중심지'가 되어가고 있는가?

나는 전 세계를 두루 여행하면서 예루살렘이 다른 도시들과는 분명 다르다는 점을 발견하게 되었다. 예루살렘은 마음속에 쏙 들어오는 도시였다. 아내 미갈과 내가 '마지막 프런티어 사역(Final Frontier Ministires)'의 아브너 보스키와 함께 이스라엘에서 기도 여행을 인도하고 있을 때를 기억한다. 버스를 타고 여행하던 중 우리는 마티 고에츠(Marty Goetz, 메시아를 믿는 유대인 싱어송 라이터이자 피아니스트—역주)의 유명한 곡을 듣게 되었다.

지는 석양이 예루살렘의 하얀 돌에 황금색 빛을 비추고 있을 때 우리는 이사야서의 말씀을 노래하며 함께 눈물을 흘렸다. "시온을 위해 나는 잠잠하지 않으리. 예루살렘을 위해 나는 침묵하지 않으리." 하나님께서 사랑하시는 도시를 향한 그분의 소원으로 우리의 마음은 불타고 있었다! 예루살렘은 과거와 현재와 미래가 만나는 도시이다.

시편기자도 예루살렘을 이렇게 묘사했다.

> 우리가 이방 땅에서 어찌 여호와의 노래를 부를까
> 예루살렘아 내가 너를 잊을진대 내 오른손이 그의 재주를 잊을지로다

내가 예루살렘을 기억하지 아니하거나
내가 가장 즐거워하는 것보다 더 즐거워하지 아니할진대
내 혀가 내 입천장에 붙을지로다
(시편 137:4-6).

당신 또한 예루살렘을 늘 마음에 두겠는가?

내년에는 예루살렘에서!

지난 수 세기 동안 유대인 민족은 여기 저기 정처 없이 돌아다녔다. 유대인들은 고향 땅에서 추방되었으며 그들이 사랑하는 예루살렘 성, 다윗의 성, 하나님의 성에서 추방되었다! 여러 나라들로부터 거절당했던 유대인들은 머리 둘 곳 없이 어쩔 수 없는 순례자가 되어야 했다.

그들에게 자세히 귀를 기울여 본다면 이스라엘의 자녀들이 '약속의 땅' 으로 돌아가는 꿈을 꾸면서 지난 수백 년 동안 울었던 소리를 들을 수 있다. 하나님의 백성이 구원을 위해 기도하고 "내년에는 예루살렘에서!"라고 울부짖을 때 그들의 눈물은 강을 이루어 역사의 페이지를 흐르고 있다.

1099년 여름, 제 1차 십자군 원정대가 예루살렘 포위에 성공했다. 그러나 십자군들은 거룩한 성으로 들어간 일주일 동안 그곳에 있는 유대인들과 무슬림들을 학살했다.

한 역사가는 "그날 온종일 그들은 맹렬하게 유대인 남자와 여자, 아이들을 몰살했고 1만 명 이상을 죽였다"[2]고 말했다. 중동의 도시, 예루살렘의 소유권에 대한 경합은 세상의 다른 어떤 도시보다 더 심했다. 그러나 아직도 "내년에는 예루살렘에서!"라는 울부짖음이 일어나고 있다.

무슬림 국가에 살고 있던 유대인들은 광장에서 교수형을 당했다. 유대인이라고 밝혀진 사람들은 트레블랑카 나치 수용소의 가스실에서 그리고 아우슈비츠의 시체 소각실에서 죽임을 당했다. 떠돌아다니는 이 민족의 가슴속으로부터 나오는 절규의 울부짖음이 아직도 울려 퍼지고 있다. 시베리아의 동토에서부터 에티오피아의 뜨거운 사막에 이르기까지 그들은 "내년에는 예루살렘에서!"라고 울부짖었다.

역사는 말한다

역사는 말한다. 그리고 우리는 역사의 지혜에 귀를 기울여야 한다. 역사는 종종 벙어리같이 침묵함으로써 우리를 익울하게 만든다. 최근의 역사에서 미국이 이스라엘의 가장 큰 동맹국이었는지에 대해서는 논란의 여지가 있다. 미국 역사의 다른 페이지들은 그리 영광스럽지 않다. 프랭클린 루스벨트는 제 2차 세계대전 중 마지막 미국 대통령이었다. 그는 유대인 대학살 시기에 일어났던 600만 명의 유대인들의 죽음을 막기 위해 직접적인 조치를 취할 수도 있었다. 세계 역사상 가장 큰 전쟁을 싸우면서 300만 명 이상의 유대인들이 이미 처형당했지만 루스벨트는 그 문제에 대해 이상하리만큼 침묵했다. 미국에서 가장 민주적인 대통령이라고 여겨지는 이 남자는 동시에 한 국가에 가장 암흑기였던 시기의 일부가 된 것 같았다. 그 황량했던 시간 동안 미국과 세계 열방들은 유대 민족의 찌르는 듯한 비명에 귀를 막아버렸다.

1939년 12월, 루스벨트 대통령은 나치 독일로부터 미국으로 들어오는 출입국 허가를 결정하는 중요한 위치에 브렉큰리지 롱(Breckenridge Long)을 임명했다. 롱의 철학은 간단했다. 그러나 문제를 일으켰다. "누구도 들어올 수 없다. 그들은 모두 문제를 일으키는 자들이다." 한번은 히틀러에게서 도망치려는 유대인들에게 어떤 일이 일어날지 아는가 라는 질문을 받았다. 롱은 손을 들어 기관총 쏘는 모습을 흉내 내면서 모두 총살당할 것이라고 대답했다.[3]

1970년대 나는 아내 미갈과 함께 다하우 나치 강제수용소를 방문했다. 아버지의 가족이 주로 독일계였던 나로서는 내 민족이 저질렀던 일들을 증명하는 흔적들을 보고 놀라고 말았다. 현대의 문명사회에서 어떻게 그런 잔인한 일들이 일어날 수 있었을까? 비어 있는 막사에서 유대인들이 울부짖는 소리가 생생하게 들려오는 것 같았다.

1942년 루스벨트 대통령과 국무성은 히틀러의 '유대인 문제에 대한 마지막 해결책'에 대해 무엇인가 분명한 것을 이미 알고 있었다는 증거가 있다.[4] 이미 전쟁에 참가한 상태에서 미국은 유대인들을 위한 안전한 피난처를 마련해 도움을 주거나 아니면 적어도 독일의 잔학상에 대한 확실한 정보를 전쟁에 대한 슬로건으로 사용할 수 있었을 것이다. 그러나 그 어떤 일도 일어나지 않았다! 이 모든 가능성에도 불구하고 나치의 죽음의 수용소 안에서는 나치에 저항하는 외침만이 울려 퍼졌다. "내년에는 예루살렘에서!"

미 국무성에 따르면 모든 아랍 세계가 먼저 예루살렘의 어떤 일부라도 '이스라엘'로 인정하지 않는다면 미국도 그렇게 하지 않는다는 것이 1948년 이후의 외교 정책이라고 한다. 여기에는 1948년 이후 이스라엘의 일부가 되어 모든 아랍-이스라엘 협정서에 이스라엘의 통치 구역으로 남아 있는 서예루살렘 구역까지 포함된다.

해리 트루먼 정부의 국무장관이었던 조지 마셜은 이스라엘에 대한 미 국무성의 정책에 커다란 영향을 주었다.[5] 마셜이 유대인의 나라를 인정하려는 트루먼에 맞서 강력하게, 거의 광적으로 반대했다는 사실은 문서로도 남아 있다. 이스라엘을 인정하는 문제에 대한 정책회의에서 마셜은 대통령에 대해 심한 말도 서슴지 않았다. "만일 대통령이 클리포드(트루먼의 국방장관)의 조언을 따른다면, 그리고 내가 선거에서 투표를 하게 된다면 나는 대통령을 찍지 않을 것이다." 현직 대통령에 대한 국무장관의 발언으로는 매우 강력한 발언이었다!

클리포드는 자신의 회고록에서 "국무성의 관료들은 1947년과

1948년 대통령의 팔레스타인 정책을 막고, 방해하고, 지연시키기 위해 자신들이 가진 모든 권력을 사용했다"[6]고 말했다.

그 당시 미 국무성의 편향된 태도는 지금까지 이어지고 있다. 최근에 발간된 인권 보고서에서도 이런 태도가 잘 나타나고 있다. 이 서류에는 테러 단체가 이스라엘에 대해 가한 공격들에 대해 아주 적은 분량만을 할애하고 있다. 결국 이 서류는 인권 영역에서 이스라엘이 '실패' 했음을 자세히 설명한다. 자살 폭탄 테러 학살로부터 이스라엘 시민들을 보호하기 위해서는 인권을 침해할 수밖에 없다는 등의 필수적인 사항에 대해서는 언급조차 하지 않고 있다.

이스라엘에서 아들을 출산했던 한 미국인 부부는 소송을 제기했다. 미 국무성이 아기의 출생지를 '이스라엘 예루살렘' 으로 등록하지 못하도록 했기 때문이다. 출생지는 어떤 경우라도 신청자의 뜻에 따라 결정되어야 한다. 물론 실제 태어난 장소가 출생지로 등록되어야 한다. 오직 예루살렘에 대해서만은 미 국무성이 신청자의 뜻을 존중하기를 거부한다. 더 이상 무슨 말을 하겠는가!

몇 가지 좋은 소식이 있다! 1995년 미 합중국의 104대 국회가 예루살렘 대사 법안, 미 공법(Public Law) 104/45를 통과시켰다. 이 문건은 예루살렘을 이스라엘의 수도라고 공식적으로 인정하고 있다. 대단히 놀랍고 엄청난 일이다. 그리고 또 다른 좋은 소식이 있다. 미 공법 104/45는 또한 미국 대사관을 예루살렘으로 옮기는 데 2,500만 달러를 할당했다.

이것이 엄청난 소식인 반면 이 법의 제정으로 미국 정부는 정치적인 곤경에 빠지게 되었다. 미국 정부는 왜 예루살렘을 이스라엘의 수도로 인정하는 일에 진척을 보이지 않는가? 실제로 예루살렘은 다윗 왕 시대 이후로 3,300년 동안 이스라엘의 수도였다.

미국 대통령은 왜 이미 국회에서 통과된 법에 대해 6개월마다 법의 시행을 연기하면서 반대권을 행사하는가? 우리는 일어설 수 있는가? 우리의 말은 구속력이 없는가? 행동이 말보다 더 큰 소리를 내어야 할 때이다!

이 미적지근한 정부의 자세 뒤에는 실로 복잡한 이유가 있다. 아마도 미국 정부의 오랜 이기적 이익과 자신을 보호하려는 의도로 요약될 수 있다. 미국 대사관을 예루살렘으로 옮기게 되면 미국의 국가 보안에 위협이 될 것이라는 말이 꾸준히 나오고 있다. 실제적인 이유는 명백하고 간단하다. 아랍 국가들은 미국이 예루살렘을 이스라엘의 수도로 인정하는 것을 원하지 않는다. 그리고 미국은 그들의 압력에 고개를 숙였다. 만일 미국이 고개를 숙이지 않았다면 국제 사회가 이스라엘의 존재 권리를 인정해야 하는 소동이 일어났을 것이다!

지금은 새로운 윈스턴 처칠과 해리 트루먼이 일어나야 할 시기이다. 나는 그들의 모든 결정을 지지하는 것도 아니고 그들의 모든 조치가 올바르다고 선포하는 것도 아니다. 단지 그들이 말했을 때는 날뛰던 사슴이 멈추었다. "결코 포기하지 않겠다!"라는 외침이 또 다시 들려야 한다.

미국 정부 지도자들이 이스라엘과 예루살렘을 위해 그리고 윤리적인 정의를 위해 일어나도록 기도하자. 국가적 보안을 위한 포기각서에 서명을 할 때마다 우리는 테러리스트와 이스라엘의 대적들에게 "당신이 이겼다!"고 말하게 된다.

미국은 이슬람교 족장들의 호의와 아랍 국가의 오일보다 하나님의 축복이 필요하다. 미국과 다른 열방들은 이제 더 이상 테러리스트들이 우리를 위협해서 도덕적 투명성보다는 정치적 편의를 선택하도록 허용해서는 안 된다.

우리가 하나의 국가로서 테러에 대한 세계적인 전쟁을 치를 수 있다면 이스라엘이 이스라엘의 국경과 지역 안에서 이와 같은 일을 하지 못하도록 거부할 이유가 무엇인가?

9·11 사건을 이스라엘에 대한 미국의 정치적 지원과 연관시켰던 한 아랍계 족장이 루돌프 줄리아니 전 뉴욕 시장에게 선물을 보낸 적이 있다. 그 때 줄리아니 시장은 용기 있게 이렇게 말했다. "고맙지만 받지 않겠습니다." 미국의 다른 정부 관료들도 이와 같은 도덕적 의지를 가져야 한다.

이제는 우리의 리더들이 전 세계 테러리즘의 대부와 뮌헨 대학살을 사주한 사람들 그리고 잔인한 자살 폭탄의 재정을 지원하는 사람들에게 파티가 끝났다고 알려 주어야 할 시간이다. 이제는 예루살렘 대사관 법안이 법으로 시행되어 미국 대사관이 예루살렘으로 옮겨가도록 허용되어야 할 때이다.

예루살렘의 많은 이름들

어떤 개인이나 가족, 도시 또는 국가에 붙여진 이름의 의미를 살펴보면 일부분이지만 예언적인 소명을 계시한다는 사실을 알게 된다. 이름에 대한 신성한 목적을 살펴보면서 우리 이름을 정확하게 해석하고 이해할 때 베일을 통해 그 부분을 바라볼 수 있게 된다.

도시와 지역은 보통 한 개 이상의 이름을 갖고 살아 간다. 특히 도시나 지역이 서로 다른 통치 시기와 문화 아래에 있었다면 더욱 그렇다. 러시아의 아름다운 도시 상트 페테르부르크를 생각해 보자. 북쪽에 위치한 이 도시는 얼마 전만 하더라도 소련 연방의 레닌그라드라고 불렸다.

원래 이름이었던 상트 페테르부르크는 교회 역사로부터 영향을 받은 것이 분명하다. 그러나 공산주의가 통치하면서 무신교의 대비되는 정신을 나타내는 새로운 이름을 받았다. 시간이 변하면서 지도자들이 일어나고 몰락한다. 그리고 어떤 특별한 역사를 뒤로 한 채 소명의 조각은 성취되지 않고 남는다. 그 특정 장소의 이름이 계절에 따라 변해 가듯 예루살렘도 그랬다.

수백 년이 흐르면서 영감이 깊었던 성경의 저자들은 이 특별한 도시에 많은 이름을 붙여 주었다. 성경의 역사를 통해 기록되었던 예루살렘의 이름들을 살펴보자. 그리고 예루살렘의 예언적인 소명을 함께 들여다 보자.[7]

- 다윗 성 — 시무엘하 6:10, 열왕기상 11:27, 역대하 8:11
- 하나님의 성 — 시편 46:4, 시편 87:3
- 유다 성읍 — 역대하 25:28
- 즐거운 성읍 — 예레미야 49:25
- 평강의 성읍 — 히브리서 7:2
- 찬송의 성읍 — 예레미야 49:25
- 의의 도시 — 이사야 1:26
- 큰 왕의 성 — 시편 48:2, 마태복음 5:35
- 여호와의 성 — 이사야 60:14
- 진리의 성읍 — 스가랴 8:3
- 신실한 고을 — 이사야 1:26
- 내 백성의 성문 — 오바댜 1:13, 미가 1:9
- 푸른 감람나무 — 예레미야 11:16
- 거룩한 성 — 느헤미야 11:1, 18, 이사야 48:2, 52:1, 마태복음 4:5, 27:53, 요한계시록 11:2
- 거룩한 산(성산) — 이사야 11:9, 56:7, 57:13, 65:25, 66:20, 에스겔 20:40, 다니엘 9:16, 20, 요엘 2:1, 3:17, 스바냐 3:11, 스가랴 8:3
- 여호와의 보좌 — 예레미야 3:17
- 시온 — 열왕기상 8:1, 이사야 60:14, 스가랴 9:13

예루살렘은 하나님의 성에서부터 거룩한 성에 이르기까지 여러 이름으로 불린다. 마치 예루살렘은 소명을 성취하기 위해 아직도 통과해야 할 많은 '그분의 이야기(His Story, history — 역사)' 가 남아 있는 것 같다.

이 특별한 도시를 더 잘 묘사하기 위해 다음 시편을 자세히 들여다보기로 하자.

터가 높고 아름다워 온 세계가 즐거워함이여
큰 왕의 성 곧 북방에 있는 시온 산이 그러하도다

너희는 시온을 돌면서 그 곳을 둘러보고 그 망대들을 세어 보라
그의 성벽을 자세히 보고 그의 궁전을 살펴서 후대에 전하라
(시편 48:2, 12-13).

주의 종들이 시온의 돌들을 즐거워하며 그의 티끌도 은혜를 받나이다
(시편 102:14).

예루살렘아 너는 잘 짜여진 성읍과 같이 건설되었도다
(시편 122:3).

산들이 예루살렘을 두름과 같이 여호와께서 그의 백성을 지금부터 영원까지 두르시리로다
(시편 125:2)

물론, 그렇다. 지금 예루살렘은 낡은 산들에 둘러싸인 더러운 도시다.

예루살렘은 크고 작은 돌들로 꽉 찬 비좁은 도시다. 이 돌들은 놀라운 건축물을 세울 때 사용되었다. 그리고 도시를 파괴하기 위한 도구로 던져졌던 돌들이다. 그러나 이 세상에 예루살렘과 같은 도시는 없다.

예루살렘에 대해 많은 노래가 만들어졌다. 작가들은 예루살렘의 굽이치는 길들과 예루살렘 사람들의 다양한 성격들을 좋아한다. 선지자들은 예루살렘의 미래를 선포한다.

중보자들은 예수님이 그러셨듯이 예루살렘이 메시아의 날개 아래에 들어오기를 울며 기도한다.

예루살렘은 소명의 장소다!

하나님은 이미 이스라엘의 심장인 이 도시 안에 무수히 많은 하나님의 약속을 세워 두셨다. 예루살렘은 다윗 왕의 수도였으며 레위인들과 제사장들의 집이었으며 이스라엘의 거룩한 축제가 열렸던 장소였다.

성전도 예루살렘에 건축되었다. 처음으로 성령이 부어졌던 곳도 예루살렘이었다.

하나님의 백성들은 항상 예루살렘을 사랑했다. 예루살렘은 다른 어떤 도시와는 다른 장소이다. 하나님의 달력에서 미래의 약속들이 성취되게 될 장소가 바로 이 도시다.[8]

예루살렘은 커다란 대비가 있는 예언의 도시이다. 선지자 스가랴는 다음과 같이 단호하게 경고했다.

> 보라 내가 예루살렘으로 그 사면 모든 민족에게 취하게 하는 잔이 되게 할 것이라 예루살렘이 에워싸일 때에 유다에까지 이르리라. 그 날에는 내가 예루살렘을 모든 민족에게 무거운 돌이 되게 하리니 그것을 드는 모든 자는 크게 상할 것이라. 천하 만국이 그것을 치려고 모이리라
>
> (스가랴 12:2-3).

나라들과 모든 제국들은 그들이 이 특별한 도시와 그 거주민들을 어떻게 대하는가에 따라 일어나기도 하고 쇠락하기도 했다. 이 도시에서는 축복이 나오기도 하고 저주가 나오기도 한다. 그리고 우리는 어떤 것을 받을지 선택할 수 있다. 마침내 그날이 올 것이다. 주님의 위대하고 끔찍한 날이 오면 예루살렘에 대적해 모였던 이 땅의 모든 나라들이 하나님의 소용돌이 속으로 붙잡히게 될 것이나.

이 가운데 우리의 기도와 소망은 믿는 자들의 몸이 일어나서 그 시간에 이스라엘의 가장 친한 친구가 되게 해 달라는 것이다. 하나님의 마음을 아프게 하는 것들로 인해 마음이 아픈 이스라엘을 위해 중보기도 하는 친구들은 "이스라엘아, 너는 혼자가 아니다"라고 말할

것이다. 예루살렘이 '옮기기 무거운 돌' 이지만 하나님은 이 짐을 지고 갈 은혜를 주신다. 반드시 그렇게 하신다! 그것이 바로 하나님 나라의 방식이다!

나와 내 집에서는 예루살렘을 돌아보고 예루살렘 거주자들의 소명을 돌아보는 것 외에는 다른 것을 생각할 수 없다. 나는 하나님의 마음에 가까워지는 것 그 이상의 것을 원한다. 그래서 나는 이 돌을 들어서 그리스도의 사랑으로 돌을 옮기는 영광스러운 일을 선택했다.

예루살렘의 평화를 위해 기도하라

우리가 필사적으로 계시를 받을 필요가 있는 영역이 있다면 바로 '예루살렘의 평화' 를 위해 기도하는 영역이다. 요즘 우리는 다양한 평화조약의 시대에 살고 있다. 오슬로 협약, 평화의 길 계획(Quarter Road Map)이 만들어졌다. 이 다음에는 어떤 조약이 만들어질지 아무도 알지 못한다. 그렇다면 예루살렘의 '평화를 위해 기도하는 일' 이 어떤 의미인지를 잘 모르는 것이 분명하다. 그러나 우리는 하늘로부터 중보기도하라는 임무를 부여받았다!

'평화' 라는 말을 생각해 보자.

평화에 해당하는 히브리어는 '샬롬(*Shalom*)' 이다. 이 말은 단순히 갈등이나 전쟁이 없는 상태 이상의 더욱 깊은 의미가 있다. 휴전은 비록 그것이 영원하더라도 평화가 아니다. '냉전' 은 하나님의 아이디어가 아니었다.[9] 이러한 형태의 평화는 전쟁 당사자들을 분리함으로써 서로를 파괴할 기회를 갖지 못하도록 만드는 순전히 인간적인 모략이다. 하나님의 사전에는 평화가 이러한 의미가 아니다!

히브리어에서 '샬롬' 은 몇 가지 서로 다른 측면의 의미가 있다. 그러나 이 모든 의미들에는 동일한 의도가 담겨 있다. 샬롬이라는 말은 하나님의 목적과 계획에 관해 '온전해지다' 라는 의미가 될 수 있다. 또한 '회복되다' 라는 의미도 된다. 즉, 어떤 사람이 '온전한 부르심으로 들어간다' 는 의미이다. 예루살렘의 평화를 위해 기도할 때 우리는 하나님께서 예루살렘을 그분의 신성한 소명으로 데리고 가셔서 하나님의 온전한 부르심으로 회복시켜 달라고 기도해야 한다.[10]

제정신을 가진 사람이라면 누구도 갈등이나 고통 또는 전쟁의 시기를 거치지 않고 중동에 '평화' 가 성취될 것이라고 생각하지 않는다. 제정신을 가진 사람이 그렇게 생각한다면 그는 하나님의 말씀을 공부하지 않거나 역사를 공부하지 않는 사람이다! 현재 이루어지고 있는 국가 간의 평화 계획들은 하나님의 관심을 거의 받지 못한다. 평화를 이루려는 과정 가운데 평화의 왕이 없다면 이는 결코 진실하고 지속적인 평화가 될 수 없을 것이다!

샬롬(*Shalom*)은 또한 '치유' 라는 의미도 된다. 히브리어로 '회복', '치유' 라는 단어와 어원이 같기 때문이다. '치유' 라는 의미로 생각해 볼 때 지금 우리가 평화를 얻으려는 과정에 대해 흥미 있는 것을 발견할 수 있다.[11] 이 문제에 대한 하나님의 관점을 들어보라. "그들이 딸 내 백성의 상처를 가볍게 여기면서 말하기를 평강하다,

평강하다 하나 평강이 없도다"(예레미야 8:11).

나는 이 말씀이 영광스러운 메시아의 재림 바로 전 시대에는 전 세계의 모든 초점이 '평화'에 집중된다는 뜻이라고 생각한다. UN(United Nations, 국제연합)조차 맥락에 맞지 않는 성경 구절을 인용해 건물 외벽에 조각해 두었다! "칼을 쳐서 보습을 만들고 창을 쳐서 낫을 만들 것이며 이 나라와 저 나라가 다시는 칼을 들고 서로 치지 아니하며 다시는 전쟁을 연습하지 아니하고"(미가 4:3). UN뿐만 아니라 기타 세속적이고 인간적인 세계 기구들은 그들이 자신들의 노력으로 지속적이고 진정한 평화를 가져올 수 있다고 생각한다. 그러나 이는 착각이다!

그렇다면 우리는 어떻게 해야 하는가? 하나님과의 관계를 떠나서 지속적이고 진정한 평화는 올 수 없다. 평화는 단지 느낌이 아니다. 평화는 어떤 상태가 아니다. 진정한 평화는 한 사람, 하나님의 아들, 메시아, 유대인의 왕 자신이다! 어떤 개인이든, 가족이든, 이웃이든, 도시든 나라든 평화의 왕이 없는 평화는 있을 수 없다. '예루살렘의 평화'를 위해 기도할 때 궁극적으로 나는 모든 믿지 않는 자들의 눈에서 눈을 가리는 것들이 떨어져 나가고 그들이 아름다운 메시아 예수님을 바라보고 받아들일 수 있도록 중보한다.

평화는 십자가의 보혈을 통해 우리에게 온다(골로새서 1:20 참조). **예수아**의 십자가를 지나지 않고는 평화로 가는 길은 없다! 그렇다. 모든 갈등과 전쟁과 테러를 종료하기 위해 우리가 할 수 있는 모든 것을 하자. 협상 테이블에 앉아서 화해를 위해 일하자. 예루살렘의 샬롬을 위해 기도하는 일은 바로 유대 민족이 이스라엘의 하나님과 화해하도록 기도하는 것이다. 또한 아브라함의 모든 자손들인 아랍 민족, 유대 민족 그리고 모든 이방 민족들에게도 이와 똑같은 기도가 적용되어야 한다! 예루살렘의 샬롬은 예루살렘이 하나님의 목적에서 완전해지고 메시아 안에서 예루살렘을 향하신 하나님의 소명에 다다른다는 것을 의미한다. 이것만이 진정한 샬롬이다.

말씀에 근거한 기도 연습

이제 말씀에 근거한 기도라는 총알을 준비해 발사해야 할 시간이다. 예루살렘과 예루살렘의 소명과 이 땅에서 해야 할 역할을 방어하며 기도하자.

말씀과 기도: 역대하 7:15-16

이제 이 곳에서 하는 기도에 내가 눈을 들고 귀를 기울이리니 이는 내가 이미 이 성전을 택하고 거룩하게 하여 내 이름을 여기에 영원히 있게 하였음이라 내 눈과 내 마음이 항상 여기에 있으리라

하나님 아버지, 메시아의 위대한 이름으로 기도합니다. 다시 한 번 예루

살렘, 당신이 선택하신 성읍에 귀를 기울여 주소서. 당신이 택하신 백성이 하는 기도를 들어 주소서. 그들에게 귀를 기울이시고 그들이 통곡의 벽에서 수십 년간 울부짖었던 기도를 들어 주소서. 당신의 눈과 마음이 항상 그곳에 있을 것이라고 말씀하셨습니다. 이제 보소서. 그리고 당신의 언약의 백성들이 신음하는 소리를 들으소서. 당신의 크신 자비로 속히 응답하셔서 당신의 이름이 영원히 그곳에 세워지게 하소서! 오, 주님, 당신의 거룩하신 이름으로 행하소서! 아멘!

말씀과 기도: 시편 122:6-7

예루살렘을 위하여 평안을 구하라 예루살렘을 사랑하는 자는 형통하리로다.

네 성 안에는 평안이 있고 네 궁중에는 형통함이 있을지어다.

하나님 아버지, 당신의 샬롬을 예루살렘에 보내소서. 당신의 나라가 임하게 하소서! 평화의 왕, 메시아께서 나타나시고 그분의 뜻이 이루어지게 하소서. 유대인과 이방인 모두에게서 눈을 가리는 것이 떨어져 나가게 하소서. 당신을 사랑하는 자들이 잘되게 하소서. 당신의 샬롬을 예루살렘 성벽 안으로 가져오소서. 이스라엘의 영적 리더들과 우리 대통령과 열방의 지도자들이 잘 되게 하소서. 당신의 심령을 모든 통치 권위자들에게 전수하소서. 영원한 평화와 구원의 궁극적인 자원이 메시아, 예수아임을 계시하시고 당신의 평화를 베푸소서. 예루살렘을 이 땅에서 찬양받는 곳으로 세우소서.

예수님의 영광을 위해 기도드렸습니다. 아멘.

말씀과 기도: 사도행전 1:4

사도와 함께 모이사 그들에게 분부하여 이르시되 예루살렘을 떠나지 말고 내게서 들은 바 아버지께서 약속하신 것을 기다리라.

하나님 아버지, 2,000년 전 당신이 하셨던 것처럼 예루살렘 성에 다시 한 번 전에는 없었던 당신의 영광스러운 임재가 부어지게 해주소서. 이 땅의 믿는 자들에게 새로운 오순절을 보내 주소서. 예루살렘의 거주민들에게 아버지의 약속을 보내 주소서. 당신의 성령의 불이 떨어지게 하소서! 성령의 바람이 불어서 그 소리가 많은 군중을 모으게 하소서! 예루살렘 성에 아버지의 약속을 보내 주소서.

당신의 거룩한 이름으로 기도드렸습니다. 아멘!

매년 맞이하는 특별한 날

믿는 자들이 모여서 예루살렘을 위해 기도하는 일보다 더 중요한 시간은 없다고 생각한다. 이스라엘과 예루살렘을 위한 전쟁은 궁극적으로는 이 세상에 있는 유대인 그리스도인들을 위한 전쟁이며 서방 문명의 미래를 위한 전쟁이다. 미국 그리스도인들은 이러한 세계적인 문제와 관련해 주로 잘 모르며 능력도 없다. 그러나 복음주의 그리스도인 공동체 내에서는 우리가 지식을 갖춘 중보자가 되어야 하며 주님을 향한 목소리를 높이기 위해 우리의 영향권 내에 있는 사람들에게 능력을 주어야 한다는 사실을 이해하는 사람들이 늘어나고 있다.

이에 따라 우리는 매년 10월 첫째 주일(유대력의 속죄일, Yom Kippur 근처에 해당하는 날)을 '예루살렘의 평화를 위해 세계적으로 기도하는 날(IDPPJ, International Day of Prayer for the Peace of Jerusalem)'로 선포했다. 이는 전 세계의 교회가 시편 122편 6절과 다른 성경의 명령을 성취하기 위해 매년 하루를 떼어 두고 기도하도록 하라는 요청이다. 이 기도는 예루살렘의 평화와 그 거주민들 모두를 위한 기도이다. 이 기도를 지키도록 요청하는 결의문에는 세계적으로 영향력이 있는 수백 명의 그리스도인 지도자들이 수천만 명의 신도들을 대표해 서명한 바 있다.

IDPPJ는 많은 국가들과 교회에 관련되어 있는 그리스도인 리더들의 광범위한 연합체가 승인했다. 이 리더들은 각자가 기도를 위한 부르심에 동참했고 전 세계의 교회가 예루살렘의 모든 거민의 평화를 위해 기도하도록 요청하고 있다. 이를 위한 발의문에는 '독수리 날개 사역(Eagles' Wings Ministries)'의 최고 이사인 로버트 스턴스(Robert Stearns) 목사와 킹즈 신학대학(Kings College and Seminary)의 창립자

이자 총장인 잭 헤이포드 박사(Dr. Jack Hayford)가 공동으로 의장을 맡았다.

내 아내와 나도 이 전략적인 기도회 발의문에 대한 다수의 승인자들 중 일원이 되었다. 전 세계의 교회와 사역단체와 개인 신도들은 '기도하는 날(Day to Pray)' 웹사이트에 참여해 많은 것을 배울 수 있다. IDPPJ에서 동의하고 채택한 '기도를 위한 발의문'은 다음과 같다.

기도 요청을 위한 발의문

- 이해한다_ 우리는 믿음으로 아브라함의 자녀가 되었다. 우리는 하나님의 언약의 뿌리에 접붙여진 '올리브 나뭇가지'이다.
- 인식한다_ 하나님은 아브라함과 그의 자녀들에 대한 그분의 약속을 지키셨고 선지자들의 말씀에 따라 그들을 다시 한 번 그들의 고향 땅에 정착시키셨다.
- 인식한다_ 시편 122편과 많은 다른 성경말씀에 따라 우리는 하나님께서 예루살렘을 모든 땅에서 찬양받도록 하실 때까지 예루살렘의 선함과 번영을 추구하라는 성경적인 명령을 받았다.
- 확인한다_ 하나님의 사랑과 축복하시는 의도는 모든 열방과 민족을 위한 것이다. 그리고 우리는 거룩한 땅의 모든 거주민을 포함해 모든 인류에 대해 선한 의지와 사랑을 가지고 전체 지역의 평화를 소원해야 한다.

이에 아래에 서명한 우리는 전 세계의 기도하는 모든 남자와 여자들이 매년 유대의 속죄일 기간 근처인 10월의 첫째 주일을 떼어서 '예루살렘의 평화를 위해 기도하는 날(Day of Prayer for the Peace of Jerusalem)'로 정하도록 촉구하는 바이다.[12]

이 역사적으로 중요한 시간에 우리에게 동참해 전 세계적으로 늘어나고 있는 기도 군대에 합류하라. 그리고 소명의 도시 예루살렘의 평화를 위해 기도하자.

● 묵상 질문

1. 예루살렘에 붙여진 성경적인 이름은 무엇입니까?

2. 하나님은 예루살렘을 '무거운 돌' 그리고 '영광의 면류관'이라고 부르십니다. 이는 당신에게 어떤 의미입니까?

3. 예루살렘의 평화를 위해 기도하라는 것은 어떤 의미입니까?

● 참고 서적

Derek Prince. *Promised Land, God's Word and the Nation of Israel.* Charlotte, N.C.: Derek Prince Ministries, 2003.

Evans, Michael D. *The American Prophecies.* New York: Time Warner Books, 2004.

8

'알리야(Aliyah)'의 성취를 위해 기도하라!

두려워하지 말라
내가 너와 함께 하여 네 자손을 동쪽에서부터 오게 하며
서쪽에서부터 너를 모을 것이며 내가 북쪽에게 이르기를 내놓으라
남쪽에게 이르기를 가두어 두지 말라
내 아들들을 먼 곳에서 이끌며 내 딸들을 땅 끝에서 오게 하며
(이사야 43:5-6)

'알리야(aliyah)' 라는 말은 성경을 읽는 독자들이 이해하기 어렵거나 낯설게 들릴 것이다. 그러나 유대인의 언어인 히브리어에서 이 말은 일상적으로 사용된다. **알리야**를 간단히 설명하면 '올라가다, 오르다, 낮은 곳에서 더 높은 곳으로 가다' 라는 뜻이다. 시간이

흐르면서 알리야는 히브리인 가족들이 예루살렘과 성전으로 올라가는 여정과 연관을 가지게 되었다. 그곳에서 히브리인 가족들은 하나님이 그들에게 명하신 세 번의 커다란 연중 절기를 기념하게 된다. 시편은 이 기쁜 절기 동안 노래하기 위해 쓰인 가사였다. 아버지들은 가족들을 이끌고 알리야의 시편을 노래하면서 예루살렘으로 올라갔다.[1]

지난 오랜 세월 동안 **알리야**라는 말은 유대인들과 하나님을 믿는 이방인들 모두가 좋아하는 말이었다. 유대 민족들이 땅 끝에서부터 다시 모여드는 일에 대해 예언한 성경구절이 우리 눈앞에서 실현되면서 이 말은 고향으로 돌아가는 과정과 관련된 모든 일들을 설명하는 말이 된 것이다.

한 나라를 세우고 보존하는 일

히틀러의 유대인 대학살이라는 가장 어두운 시기를 거쳐 살아남아 전 세계에 흩어져서 핍박받던 유대 민족들이 어떻게 그들의 예전 국경 안에서 주권을 가진 하나의 나라로 단번에 나타날 수 있다는 말인가? 오늘날 많은 세속적인 이스라엘 사람들은 그들 자신의 힘으로 그렇게 했다고 믿고 있기는 하지만 분명 이 일은 하나님의 개입이 있었다! 배후의 역사에 대해 좀 살펴보기로 하자.

1920년 제 1차 세계대전 이후 조성된 '국제연맹(League of Nations)'은 '팔레스타인' 지역에 대한 통제권을 영국에 넘겼다. 아랍 국가들의 보복을 두려워한 영국 정부는 20세기 이후 팔레스타인 땅으로 조금씩 돌아오고 있던 유대인 이주자들에 대해 점차 반감을 가지기 시작했다. 이 두려움은 정치적으로 변하게 되었고, 되돌아오는 유대인들의 수를 할당해 그 수를 줄였으며 이스라엘 난민들이 하이파 항구에 정착하지 못하도록 금지하기에 이르렀다.

제 2차 세계대전이 시작되자 영국 정부는 팔레스타인의 '모든' 시민들을 보호해 주겠다던 이전의 약속을 완전히 잊어버린 듯했다. 나치의 억압을 피해 도망나와 팔레스타인에 도착한 유대인 이주자들은 이전에 거주하던 도시로 돌려보내졌다. 더욱 심한 경우에는 가까운 키프로스의 강제수용소에 구금시켰다. 나치 독일과 팔레스타인에서 끔찍한 잔학상이 자행되면서 다른 국가들도 영국의 무관심한 태도에 동참했다. 이제 유대인 국가의 건설은 '국제연합(UN, United Nations)'의 떨리는 손에 달리게 되었다.

1947년 11월 29일 UN 총회는 팔레스타인 지역에 유대인의 나라를 세우도록 요구하는 결의문을 채택했다. 이에 전 세계의 유대인들이 기뻐서 춤을 췄다. 그러나 결의문이 발표된 지 3일도 되지 않아 4,000만 명 이상의 아랍인들은 이미 이스라엘에 살고 있던 60만 명의 유대인들과 전쟁을 선포했다. 아랍의 지도자들은 일명 '지하드(*jihad*)'라는 성전을 선포하고 이렇게 공언했다. "우리는 모든 유대인들을 죽이겠다. 아니면 그들을 바다로 몰아내겠다."

이스라엘의 대적들은 매우 건방진 자세로 유대인 지구의 접경지대에서 평화롭게 살고 있던 아랍인들 모두에게 이스라엘의 파멸과 함께 죽지 않으려면 살던 집에서 나오라고 경고했다. 아이러니한 것은 바로 이 일이 팔레스타인 난민들의 시초가 되었다는 점이다!

오늘날 거의 대부분의 사람들이 모르고 있는 사실이 있다. UN이 전체 총회 앞에서 결의문에 대해 전원 투표하도록 하기 전 팔레스타인 지역에서는 사생결단의 끔찍한 4개월이 있었다. 1948년 5월 14일(실제로 이때는 5월 15일이 시작되는 자정에서 1분이 지난 시점이었다.), 데이빗 벤 구리온(David Ben-Gurion)은 다음과 같은 독립선언문을 발표했다.

> 이스라엘 땅은 유대 민족들이 태어난 곳이었다. 이스라엘의 영적, 종교적, 국가적 정체성은 이 땅에서 형성되었다. 유대인들은 이곳에서 독립을 성취했고 국가적으로 그리고 우주적으로 의미심장한 문화를 창조했다. 이곳에서 그들은 성경을 썼고 전 세계에 성경을 나누어 주었다. 이스라엘 땅에서 추방된 유대 민족들은 다른 나라들에 흩어져 살고 있지만 여전히 이 땅에 충성하고 있으며 다시 돌아간다는 소망을 잃지 않고 쉬지 않고 기도하고 있으며 이 나라의 자유가 회복되기를 기도하고 있다.
>
> 전 세계의 유대인들이 이민과 개발에 있어 우리 편에 서서 이스라엘의 회복을 위해 여러 세대가 꿈꿔 왔던 일을 성취하기 위해 커다란 노력을

하는 우리를 지원해 달라고 촉구하는 바이다.

전지전능하신 하나님을 신뢰하는 우리는 안식일 전날 본 선언문에 손을 얹고 선포한다.

유대력 이야르(Iyar) 월 5일, 1948년 5월 14일.[2]

이 독립문 선언이 발표된 지 채 하루도 되지 않아서 아랍 5개국은 새로 태어난 유대인 국가를 공격했다. 이집트, 시리아, 요르단, 레바논 그리고 이라크(아랍인 인구 총 5,000만 명, 무장인구 총 1,500만 명)는 이스라엘 독립전쟁이라고 알려진 이 전쟁에서 이스라엘을 공격했다. 이 폭력적인 갈등 상황은 8개월 동안 지속되었고 양측 모두에게 엄청난 사상자를 냈다. 방금 새로 만들어진 나라인 이스라엘이 실제로는 완전히 초토화되지 않았다는 것만으로도 기적이었다(이사야 54:17 참조). 이 땅의 중앙에 위치한 작은 땅덩어리가 이제 유대 민족을 위해 다시 한 번 확정되었다. 하나의 나라가 태어나게 된 것이었다. 추방되었던 사람들이 되돌아 왔으며 사막에 꽃이 피기 시작했다. 그러나 평화는 오래 가지 못했다.

1967년 수치스러운 '6일 전쟁'이 시작되었다. 이스라엘에는 재앙과 같은 전쟁이 다시 한 번 시작되었다. 그러나 하나님의 커다란 자비하심이 나타났다. 6일이 지나자 이스라엘은 시나이, 가자 지구, 웨스트 뱅크, 골란 고원을 점령했다. 이 전쟁의 결과로 놀랍게도 예루살렘의 과거 유대 지역과 성전의 서쪽(통곡의) 벽의 남은 부분을 차지하게 된 것이었다. 그러고 나서 잠시 동안 평화가 있었다. 하지만 이 또한 해산의 고통 중에 오는 짧은 호흡에 불과했다. 이어서 '대속죄일 침공' 이 뒤따랐다.

1973년의 갑작스러운 대속죄일 침공에 대해 생각해 보자. 당시 소련 연방의 지원을 받던 아랍인들은 양쪽 전선에서 동시에 이스라엘을 공격했다. 이스라엘이 가장 거룩하게 여기는 대속죄일에 경계가 소홀해진 이스라엘은 아랍인들이 빠르게 국경을 침략해 들어오자 밀릴 수밖에 없었다. 그러나 나를 포함해 많은 이스라엘의 중보자들이 하나님의 개입이라고 믿는 바에 따르면 이스라엘은 모든 땅을 다시 얻어냈다. 인간이라는 도구를 통해 역사하시는 하나님의 손이 당시에 숫자도 적고 경멸받던 유대인의 국가를 또 다시 보호하셨던 것이다.

예언적인 징조

1948년 이스라엘이 한 국가로 다시 태어난 이후 하나님의 섭리로 이스라엘이 보호된 역사는 그 자체만으로도 놀라운 연구 대상이다. 하나님께서 이스라엘을 회복시키고 보호하겠다고 하신 놀라운 약속은 한 국가로서 이스라엘이 성취한 어떤 선한 것에 근거한 것이 아니다. 이는 하나님의 성품 때문이다. 그분의 위대하심과 신실하심 때문이다. 이스라엘의 보호를 위해 전개되는 일들 가운데 하나님, 오직 하나님만이 영광받게 될 것이다. 자비란 이런 것이다! 이스라엘이 용서받을 자격이 있었다면 하나님의 은혜가 필요하지 않을 것이다. 이스라엘은 오직 하나님의 영광을 통해서만 이스라엘이 자신의 죄로 인해 하나님에게서 빼앗아 갔던 그분의 영광을 그분께 다시 돌려 줄 수 있다. 이방인을 위한 유대인 사도였던 바울은 로마서 11장 6절에서 이 그림을 우리에게 밝게 보여 준다. "만일 은혜로 된 것이면 행위로 말미암지 않음이니 그렇지 않으면 은혜가 은혜되지 못하느니라."

이스라엘의 흩어짐과 다시 모임에 관한 놀라운 구약의 예언들을 좀더 살펴보자.

구체적인 예레미야의 선포

예레미야는 이전 일에 대해 말하는 눈물의 선지자이다. 예레미야는 시간이라는 렌즈를 통해 들여다보면서 계시를 받았다. 언약을 지키시는 이스라엘의 하나님께서 구체적으로 약속의 땅으로 이스라엘이 모이는 동안 하나님이 보호하시는 장소로 그분의 날개를 펼치시는 은혜를 베푸실 것이라는 계시였다.

> 이방들이여 너희는 여호와의 말씀을 듣고 먼 섬에 전파하여 이르기를 이스라엘을 흩으신 자가 그를 모으시고 목자가 그 양 떼에게 행함같이 그를 지키시리로다
>
> (예레미야 31:10).

예레미야는 이방 국가들에 대한 하나님의 정확한 의지를 선포했다. 이는 하나님께서 유대 민족들을 주권적으로 추출하실 것이라는 것과 알리야가 성취될 것이라는 예언적인 선포였다. 놀라울 따름이다!

이 짧은 구절에서 우리는 세 가지 위대한 진리를 발견할 수 있다. 첫째, 이스라엘을 그 고향 땅으로부터 흩으셨던 분은 바로 하나님 자신이셨다. 둘째, 이스라엘을 흩으셨던 바로 그 하나님이 이스라엘을 그 땅으로 다시 모으실 것이다. 셋째, 하나님은 이스라엘을 모으실 뿐만이 아니라 그들이 모이는 동안 이스라엘을 둘러싸는 보호의 울타리를 치실 것이다. 얼마나 귀한 약속인가? 진정 하나님이시다!

우리의 마음을 찌르는 호세아의 말씀

우화 속에 나올 것 같은 선지자 호세아는 또 다른 진리의 말씀을 더한다. 심중을 꿰뚫는 호세아의 말씀을 들어보라. "전에 그들에게 이르기를 너희는 내 백성이 아니라 한 그 곳에서 그들에게 이르기를 너희는 살아 계신 하나님의 아들들이라 할 것이라"(호세아 1:10).

우리의 마음을 찌르는 예언의 말씀인 "너희는 내 백성이 아니라"는 이스라엘이 반항과 죄로 인해 괴로움을 겪고 있을 때 선포되었다(호세아 1:9). 그러나 하나님께 감사하라. 하나님의 심판의 말씀은 또한 한 줄기 희망을 가지고 있었다. 놀랍지 않은가? 모든 심판의 말씀에는 또한 한 줄기 희미한 빛이 있다. 약속이 기다리고 있다.

하나님의 진리의 말씀은 때때로 우리의 마음을 깊이 도려 낸다. 그러나 이렇게 도려 내는 아픔은 치유와 회복을 가져오기 위한 목적이 있다.

하나님의 심판에 바로 이어 하나님은 히브리인 자녀들에게 경이로운 약속을 주셨다. 이스라엘 땅은 바로 '너희는 하나님의 백성이 아니라'고 말씀하셨던 그 장소였다. 하나님은 그 이스라엘 땅에서, 그들에게 '너희는 살아 계신 하나님의 아들들이다'라고 약속하셨다.

이제 이 구절의 의미를 좀더 자세히 묵상해 보자. 호세아 1장 10절은 실질적인 위치의 이동과 회복에 대해서만 말하지 않는다. 그들이 언약의 땅으로 돌아왔을 때 하나님의 언약 백성들에게서 일어나게 될 영적인 재생과 부흥에 대해서도 말하고 있다.

하나님은 실제로 일어날 대다수의 기적에 대해 선포하고 계신다. 이것이 바로 알리야가 그렇게 중요한 이유들 중의 한 이유이다!

유대 민족이 돌아오는 것은 영적 세계에서는 뜨거운 문제임에 틀림없다!

나는 전 ICEJ (International Christian Embassy Jerusalem)의 군목인 말콤 헤딩(Malcolm Hedding)의 다음과 같은 의견에 동의한다.

> 이스라엘의 회복은 진정 종말론적인 일입니다. 다시 말해 한 시대가 끝나고 새로운 시대가 시작되는 일과 관련되어 있습니다. 세상은 이제 "종말의 계절"에 와 있습니다.[3]

이 전제를 온전히 받아들이든 그렇지 않든 알리야의 성취가 하나님 아버지의 놀라운 신실하심을 나타내는 것이라는 사실에 동의해야만 한다! 유명한 국제 성경 교사였던 데렉 프린스(Derek Prince)가 이렇게 선포하는 것을 들은 적이 있다. "이스라엘의 회복을 정치적인 문제로 지나치는 것은 세상이 평평하다고 믿는 것과 같은 일이다!" 수백 년이 흐른다고 해도 하나님은 그분의 말씀에 신실하시고 진실하시다!

예언된 두 번의 귀환

우리의 이해를 위해 하나님의 은혜와 신실하심을 기초로 해 몇 개의 벽돌을 더 쌓아 보자. 이번에는 우리의 역사를 통해 유대 민족의 '디아스포라(Diaspora, 흩어진다는 의미의 히브리어 — 역주)'에 대한 우리의 이해를 넓혀 보기를 바란다.

1948년 윌리엄 오(William W. Orr)는 이렇게 말했다. "이스라엘이라는 나라가 다른 나라들처럼 하나의 국가로 탄생했다는 사실이 20세기에 알게 된 예언적 소식들 중 가장 커다란 조각임은 전혀 의심의 여지가 없다." 특히 두 번이나 추방당했던 한 나라가 그들 조상의 바로 그 땅으로 돌아왔다는 측면에서 우리가 진실로 그 의미를 알고자 한다면 이 중요한 사건에 대해 더욱 면밀하게 조사해 보아야 할 것이

다. 이러한 일은 세계 역사에서 전례가 없던 일이다.[4]

첫 번째 귀환

성경은 유대 민족이 두 번 자신들의 땅에서 나와 분산, 흩어짐의 고통을 겪을 것이며 이후에 두 번의 기적적인 귀환을 하게 될 것이라고 분명하게 예언하고 있었다.

첫 번째 흩어짐은 선지자 다니엘과 에스겔이 바벨론으로 추방당했던 시기였다. 이때는 느부갓네살 왕이 예루살렘과 성전을 파괴한 이후 유대 왕국의 유대인들을 다른 곳으로 강제 추방했던 시기였다(다니엘 1:1-6 참조). 다니엘과 그의 친구들이 유배되었던 때가 기원전 약 605년이었다. 그리고 이스라엘의 회복은 기원전 538년에 시작되었으며(역대기하 36:22-23, 에스라 1:1-4 참조), 성전은 기원전 587년에 파괴된 이후 약 70년이 지난 기원전 515년까지 폐허가 된 채 남아 있었다(에스라 6:15 참조).

앞서 3장에서 우리는 다니엘의 기도의 삶에 대해 생각해 보았다. 그의 기도에 대해 잠시 다시 살펴보고 이해를 넓혀 보자.

한 분뿐이신 진리의 하나님이 보내신 선지자이자 탁월한 성품의 남자였던 다니엘은 소년 시절 이스라엘의 다른 소년들과 함께 바벨론으로 잡혀 갔다. 그 때는 아마 이방 땅에서 이방의 문화와 이방의 신들과 이방의 방식으로 산 지 63년째되던 해였을 것이다. 예레미야의 약속에 근거한 하나님의 계시가 그에게 왔을 때 다니엘은 하나님의 말씀을 묵상하고 있었다(다니엘 9:2 참조).

이 모든 땅이 폐허가 되어 놀랄 일이 될 것이며 이 민족들은 칠십 년 동안 바벨론의 왕을 섬기리라. 여호와의 말씀이니라. 칠십 년이 끝나면 내가 바벨론의 왕과 그의 나라와 갈대아인의 땅을 그 죄악으로 말미암아 벌하여 영원히 폐허가 되게 하되
(예레미야 25:11-12).

여호와께서 이와 같이 말씀하시니라. 바벨론에서 칠십 년이 차면 내가 너희를 돌보고 나의 선한 말을 너희에게 성취하여 너희를 이곳으로 돌아오게 하리라
(예레미야 29:10).

다니엘은 그 말씀을 믿었다. 그리고 자신의 시대와 백성에게 이 말씀이 적용될 것이라고 선포했다. 바벨론에 잡힌 칠십 년이 끝나면 이스라엘의 자녀들이 노예 상태에서 해방되어 그들 자신의 땅으로 돌아가리라는 말씀이었다. 다니엘은 하나님의 약속이 성취되는 길에 방해가 될 수 있는 모든 이유들과 장애물들을 해결해 주시도록 하나님께 간구했다(다니엘 9:3-19). 예언적 중보기도에 대해 내가 쓴 책인 〈약속의 말씀 앞에 무릎꿇기〉(Kneeling on the Promises)에서 설명한 대로 다니엘은 계시의 말씀에 대해 겸손하고 끈질기게 '무릎 꿇음'

으로써 반응했다.[5]

다니엘은 결단하고 '동일시 회개 기도(identification repentance)' 를 시작했다. 그의 민족의 죄를 자신의 죄로 고백했다. 그 다음 구절은 다니엘의 고백을 정리해 준다. "주여 들으소서 주여 용서하소서 주여 귀를 기울이시고 행하소서 지체하지 마옵소서 나의 하나님이여 주 자신을 위하여 하시옵소서 이는 주의 성과 주의 백성이 주의 이름으로 일컫는 바 됨이니이다"(다니엘 9:19).

칠십 년이 끝나고 이스라엘 사람들은 예언의 성취로 들어갔다. 그들은 언약의 땅으로 첫 번째 귀환을 했다. 예루살렘의 성벽은 재건되기 시작했고 사람들도 돌아왔다. 회복이 일어났다!

하나님의 말씀은 예레미야의 입술을 통해 선포되었던 그대로 그리고 선지자 다니엘이 무릎 꿇고 기도했던 그대로 정확하게 성취되었다. 이 사실은 예언적 중보기도가 어떤 것인지 가장 잘 보여 준다. 믿음, 죄, 회개, 부흥, 회복이라는 순환의 고리가 계속해서 뒤따랐다. 하나님의 말씀은 성취되었고 하나님은 그분 자신이 약속에 충실한 분이심을 보여 주셨다. 세월이 가고 오면서 이 순환도 계속되었다. 그러나 말씀에 대한 하나님의 신실하심은 그대로 남아 있다.

두 번째 귀환

데렉 프린스는 그의 저서 〈약속의 땅〉(*Promised Land*)에서 다음과 같이 선포했다.

이 두 번째 귀환을 가능하게 만드는 서로 얽혀 있는 모든 상황을 생각해 볼 때 그리고 하나님께서 자신의 예언적 말씀을 성취하기 위해 주권적으로 개입하시도록 만들었던 지난 세기의 많은 여러 울부짖는 기도들을 고려해 볼 때 나는 이 두 번째 귀환은 이미 첫 번째 귀환보다 훨씬 더 크다는 결론을 내렸다.[6]

대단한 말이다! 이것이 바로 역사적인 사실이다!

하나님께서 파수꾼으로 임명하셨던 이사야는 첫 번째 흩어짐과 귀환을 보았을 뿐만 아니라 두 번째 흩어짐과 귀환을 예언했다. 이사야는 하나님께서 그분의 남은 백성을 회복시키시기 위해 두 번째로 그분의 손을 드실 것이라고 예언했다.

그 날에 주께서 다시 그의 손을 펴사 그의 남은 백성을 앗수르와 애굽과 바드로스와 구스와 엘람과 시날과 하맛과 바다 섬들에서 돌아오게 하실 것이라. 여호와께서 열방을 향하여 기치를 세우시고 이스라엘의 쫓긴 자들을 모으시며 땅 사방에서 유다의 흩어진 자들을 모으시리니 (이사야 11.11 12).

성경의 이 말씀은 두 번째 흩어짐과 그 이후 어느 시점에서 이루어지는 두 번째 귀환에 대해 분명하게 묘사하고 있다. 첫 번째 흩어짐은 이 방황하는 히브리인들을 한 번에 여러 방향으로 보내지 않았다. 그들은 이방 땅에서 매우 박해를 받기는 했지만 정체성을 유지한 민족으로서 집단을 이루어 함께 살아가고 있었다. 그러나 두 번째 흩어짐은 이사야 선지자 당시에 그들이 살던 땅을 벗어나 여러 다른 지역으로 그들을 보낼 것이었다. 이 땅의 사방으로 그들을 흩어지게 할 것이었다.

두 번째 흩어짐은 언제 일어났는가? 그것은 로마황제가 통치하던 AD 70년에 시작되었다. 유대 민족은 살아남기 위해 도망했고 고국을 다시 한 번 떠났다. 이번에 유대 민족들이 흩어진 기간은 단지 칠십 년이 아니었다. 오백 년, 천 년도 아니었다. 그들은 약 1,900년 동안 이 땅의 사방으로 추방되었다.

이 두 번째 흩어짐으로부터 시작된 귀환에 대해 레이먼 베넷(Ramon Bennett)은 자신의 위대한 저서 〈낮과 밤이 멈출 때〉(*When Day and Night Cease*)에서 다음과 같이 쓰고 있다.

> 두 번째 귀환은 지난 세기가 바뀌면서 아주 소수의 유대인들이 팔레스타인으로 유입되던 때 시작되었다. 1948년 이 작은 흐름은 시냇물이 되었고 1950년대와 1960년대에 강을 이루었다. 이 강은 이제 홍수의 시대를 맞이했고 옛 소련 연방의 지난 흔적으로부터 도착하고 있는 대량의 유대인들로 인해 이제 강둑이 터질 위험에 처해 있다.[7]

하나님의 목적이 바로 우리의 눈앞에서 펼쳐지는 것을 보는 일은 놀랍다! 나의 관점에서 이 상황은 오늘날 중동에서 일어나고 있는 일과 정확하게 일치한다. 우리는 계속해서 이 커다란 두 번째 귀환을 눈으로 직접 목격하게 될 것이라는 확신이 든다. 오늘날 성령님은 하나님의 말씀에 근거해 호흡하며 역사하고 계신다. 그리고 이스라엘의 자녀들은 전 세계 사방으로부터 부르심을 받고 있다. 당신은 이제 혼란의 안개를 뚫고 나와 하나님의 예언의 렌즈를 통해 바라볼 수 있는가?

사람들은 종종 나에게 하나님이 오늘날 이 땅에서 예언적으로 하시는 일이 무엇인지 묻는다. 나는 그들에게 남미와 아프리카, 중국, 그리고 다른 여러 땅에서 성령이 부어지는 일에 대해 말해 준다. 여러 종류의 집회와 도시와 국가에서 나타나는 하나님의 임재의 강에 대해 언급한다. 그러나 궁극적으로 나는 그들에게 하나님께서 전 세계의 유대 민족들 가운데 하고 계시는 일에 대해 말해 준다.

당신은 나팔 소리를 듣는가? 당신은 내게 들리는 소리를 듣는가? 예레미야의 나팔에서 분명하게 울렸던 하나님의 목적을 외치는 나팔 소리가 우리의 귓전에 들릴 수 있다. 위대한 두 번째 귀환을 알리는 분명한 소리에 귀를 귀울여 보라.

> 보라 나는 그들을 북쪽 땅에서 인도하며 땅 끝에서부터 모으리라 그들 중에는 맹인과 다리 저는 사람과 잉태한 여인과 해산하는 여인이 함께 있으며 큰 무리를 이루어 이 곳으로 돌아오리라. 그들이 울며 돌아오리

니 나의 인도함을 받고 간구할 때에 내가 그들을 넘어지지 아니하고 물 있는 계곡의 곧은 길로 가게 하리라. 나는 이스라엘의 아버지요 에브라임은 나의 장자니라. 이방들이여 너희는 여호와의 말씀을 듣고 먼 섬에 전파하여 이르기를 이스라엘을 흩으신 자가 그를 모으시고 목자가 그 양 떼에게 행함같이 그를 지키시리로다

(예레미야 31:8-10).

위 구절은 고통스럽지만 하나님의 섭리에 의해 이루어지는 귀환의 과정을 생생한 그림으로 그려 준다. 우리는 '북쪽 땅'이 이 대탈출과 귀환의 주요한 장소가 될 것이라는 음성까지도 들을 수 있다.

하나님은 그분의 말씀을 올바르게 해석하도록 지침을 제공하는 나침반을 가지고 계신다. 그러나 나침반을 올바르게 읽기 위해서 우리는 올바른 장소에 서야 한다. 예언된 지역을 이해하기 위해 우리는 적절한 지리적 맥락에서 나침반을 읽어 내야 한다. 이스라엘은 하나님의 눈의 눈동자이자 초점이다. 이러한 관점으로 예언적인 성경 말씀이라는 나침반을 읽어야 한다. 북적거리는 도시 모스크바는 오늘날 우리가 이스라엘이라고 부르는 중동의 작은 땅 바로 북쪽에 위치하고 있다.

다른 많은 사람들과 마찬가지로 나는 옛 소련 연방, '북쪽 땅'에서 사역을 한 경험이 있다. 그 때 나는 주님의 은혜로 조나단 버니스(Jonathan Bernis)가 인도하는 '국제 유대인 경배와 찬양 페스티벌

(International Festivals of Jewish Worship and Dance)' 아웃리치 사역에 참여했다. 나는 40/70 기도창을 열기 위한 중보기도팀을 함께 인도하고 전략적 행사를 위한 사역에 도움을 주는 일을 했다.

2000년 6월까지 모두 100만 명의 유대인들이 북쪽 땅으로부터 이스라엘로 도착했다. 그들은 자동차와 비행기, 기차, 버스, 배를 타고 자유를 찾아 도망쳤다. 대부분은 유대인이나 기독교 단체, 개인, 모임의 도움을 받았다. 그것은 지구상의 어느 한 부분에서 다른 부분으로 전체 민족이 움직이는 해방이자 대이동에 가까웠다. 역사상 이런 일이 이렇게 거대한 규모로 일어난 적은 없었다! 하지만 여전히 우리가 손을 뻗어서 구조해야 할 사람들이 더 많이 남아 있다.[8]

지금 100만 명 이상의 유대인들이 이스라엘 땅에 살면서 러시아어를 사용하기 때문에 러시아어는 이스라엘에서 제 2의 언어가 되었다! 성벽이 무너지면서 너무나 빠르고 갑작스러운 변화가 나타난 것이었다!

울면서 간구하라

예레미야는 또한 하나님의 택하신 민족이 어떻게 인도될지에 대해 예언했다. "그들이 울며 돌아오리니 나의 인도함을 받고 간구할 때에." '간구'란 무엇인가? 〈스트롱 영어사전〉(*Strong's Concordance*)에서는 이 단어를 '강한 기도'라고 해석하고 있다. 예레미야는 우리에게 예언적 약속의 성취에 대한 비밀을 알려 주었다. 예언적 약속이 성취되기 위해서는 먼저 심령의(울부짖는) 필사적인 기도와 하나님께로 돌아가는 약속을 가지고 기도(간구)하는 일이 선행된다.

나는 이 책을 읽는 모든 사람들에게 도전한다. 하나님 귀에 누구의 간구가 들릴 것인가? 누가 그들의 목소리로 천국에 있는 금대접을 채울 것인가(요한계시록 5:8 참조)? 나와 함께 이 일에 동참하겠는가?[9]

말씀에 근거한 기도 연습

이제 내가 가장 좋아하는 부분, 하나님의 말씀을 가지고 함께 기도하는 부분이 돌아왔다! 이전 장에서와 마찬가지로 나는 알리야의 성취를 온전하게 만들기 위해 이에 해당하는 기도를 가지고 예언적 성경구절을 나열해 보겠다. 기도와 간구의 영이 당신에게 임하기를 기도한다. 심령으로부터 나오는 필사적인 기도를 당신의 기도를 들으시는 그분께 올려드릴 수 있기를 기도한다!

말씀과 기도: 시편 126:1-2

여호와께서 시온의 포로를 돌려 보내실 때에 우리는 꿈꾸는 것 같았도다 그 때에 우리 입에는 웃음이 가득하고 우리 혀에는 찬양이 찼었도다 그 때에 뭇 나라 가운데에서 말하기를 여호와께서 그들을 위하여 큰 일

을 행하셨다 하였도다

은혜로우신 하나님, 우리 왕이시여 우리가 살고 있는 이 날을 기뻐합니다! 당신의 백성이 그들의 땅으로 돌아오는 꿈이 우리의 눈앞에서 성취되고 있습니다. 주님 안에서 우리는 기뻐하고 우리의 마음은 즐거움으로 가득 찼습니다. 우리가 살고 있는 시대의 예언적 현실에 대해 우리를 일깨워 주시니 감사합니다.

모든 주인의 주님이신 하나님, 당신께 목소리 높입니다. 모든 열방들이 이 역사적인 사건을 보고 하늘에 하나님이 계심을 알게 하소서. 당신께서 이 땅의 사방으로부터 유대 민족을 다시 모으실 때 열방들이 성경의 하나님이 살아 계심을 알게 하시고 당신께 영광을 돌리게 하소서. 하나님께서는 큰일을 하셨습니다. 그러나 가장 좋은 것은 아직 오지 않았습니다!

할렐루야! 하나님을 찬양합니다. 주님 뜻이 이루어지게 하소서!

말씀과 기도: 예레미야 16:14-16

여호와께서 내게 이르시되 선지자들이 내 이름으로 거짓 예언을 하도다 나는 그들을 보내지 아니하였고 그들에게 명령하거나 이르지 아니하였거늘 그들이 거짓 계시와 점술과 헛된 것과 자기 마음의 거짓으로 너희에게 예언하는도다. 그러므로 내가 보내지 아니하였어도 내 이름으로 예언하여 이르기를 칼과 기근이 이 땅에 이르지 아니하리라 하는 선지자들에 대하여 여호와께서 이와 같이 말씀하셨노라 그 선지자들은 칼과 기근에 멸망할 것이요. 그들의 예언을 받은 백성은 기근과 칼로 말미암아 예루살렘 거리에 던짐을 당할 것인즉 그들을 장사할 자가 없을 것이요 그들의 아내와 아들과 딸이 그렇게 되리니 이는 내가 그들의 악을 그 위에 부음이니라.

사랑하는 주님, 지금 우리가 살고 있는 시대를 생각해 볼 때 역사의 페이지를 통해 당신께서 행하신 구원 사역을 바라보며 놀라움 속에 서게 됩니다. 당신의 강하신 팔의 능력을 다시 한 번 보여 주십시오. 남아 있는 유대 민족을 다시 한 번 북쪽 땅에서 당신의 약속의 이스라엘 땅으로 데려 오십시오. 흩어져 있는 그들을 모든 나라로부터 불러 모으도록 어부와, 추수꾼과 중보자를 많이 보내 주십시오. 당신께서 성경에서 약속하신 대로 그들의 조상의 땅으로 그들을 회복시키소서. 역사상 전례가 없었던 이상과 기적의 움직임이 있게 하소서. 과거에 하나님께서 하셨던 일들을 능가하는 일을 하소서. 당신의 크신 능력으로 일하소서.

거룩하신 이름으로 기도 드렸습니다. 아멘!

말씀과 기도: 스가랴 10:8-9

내가 그들을 향하여 휘파람을 불어 그들을 모을 것은 내가 그들을 구속하였음이라 그들이 전에 번성하던 것 같이 번성하리라. 내가 그들을 여러 백성들 가운데 흩으려니와 그들이 먼 곳에서 나를 기억하고 그들이 살아서 그들의 자녀들과 함께 돌아올지라.

사랑하는 주님, 당신의 말씀에 동의합니다. 성령님께서 유대 민족이 알고 움직일 수 있도록 휘파람과 증인들과 증거를 보내시옵소서. 그들이 흩어졌으나 먼 땅으로부터 그들을 다시 모으소서. 그들이 한 분뿐이신 하나님을 기억하고 하나님의 이름을 부르게 하소서. 그들에게 하나님의 보호하심을 부으시고 알리야가 온전히 성취되게 하옵소서.

메시아의 전능하신 이름으로 기도 드렸습니다. 아멘! 아멘!

알리야: 하나님이 주신 마지막 날의 사명

이제 우리의 그림은 거의 완성되었다. 하나님께서 택하신 백성을 이 땅의 가장 먼 곳으로부터 불러 모으시는 일인 알리야는 역사의 마지막 순간을 만들어 가시는 하나님의 일에서 가장 커다란 지렛대가 되고 있다. 이스라엘이 하나의 흐름을 만들어 그들의 땅으로 돌아갈 때 하나님은 알리야를 통해 열방들을 자극시키셨다. 논란의 영토 안에 점점 더 많은 사람들이 정착함에 따라 나라들 간에 갈등이 있었다. 결국 이 땅을 되찾게 될 것이며 예언대로 이스라엘은 꽃을 피우게 될 것이다.[10]

알리야가 온전히 성취되기 위해서는 북쪽 땅에서 그리고 아직도 많은 남미 지역에 추방되어 살고 있는 세파르디 유대인들(스페인 계 또는 포르투갈 계 유대인—역주), 북미의 유대인들, 유럽의 유대인들 속에서 하나님의 구원 사역이 일어나 완료되어야 한다. 결국 모든 눈들은 중동 지역을 바라보게 될 것이다. 혼란스러운 시기와 압력의 날들이 지속되면서 모든 눈들은 해답을 찾으려 할 것이다. 지도자들은 답을 찾기 위해 노력하게 될 것이다. 그러나 하나님께서는 중동 지역에 마지막 단어를 가지고 계신다. 왜냐면 하나님의 로드맵은 이스라엘의 미래를 인도하기 때문이다.

● 묵상 질문

1. '알리야(*Aliyah*)'라는 말은 원래 무슨 뜻이었으며 오늘날 일반적으로 어떻게 사용되고 있습니까?

2. 유대 민족들이 이스라엘 땅으로 돌아오는 일과 관련해 적어도 두 가지의 성경 속 약속을 말해 보십시오. 그리고 그 약속이 성취될 수 있도록 기도하십시오!

3. 하나님이 보시기에 유대인들이 이스라엘 땅으로 돌아가는 일이 왜 그렇게 중요합니까? 유대 민족이 그 땅으로 돌아갈 때 하나님께서는 어떤 일을 하시겠다고 약속하십니까?

● 참고 서적

Gottier, Dr. Richard F. *Aliyah, God's Last Great Act of Redemption*. Kent, England: Sovereign World Ltd., 2002.

Scheller, Gustav. *Operation Exodus*. Kent, England: Sovereign World Ltd., 1998.

9

이스라엘의 미래를 위한 하나님의 로드맵

롯이 아브람을 떠난 후에 여호와께서 아브람에게 이르시되
너는 눈을 들어 너 있는 곳에서 북쪽과 남쪽 그리고 동쪽과 서쪽을 바라보라
보이는 땅을 내가 너와 네 자손에게 주리니 영원히 이르리라
(창세기 13:14-15)

이 책의 마지막 장을 시작하면서 한 가지 질문을 던지고 싶다. "하나님은 이스라엘을 버리셨는가?" 이 책을 지금까지 읽어 온 독자에게 이 같은 질문을 하는 것이 이상하게 보일지도 모른다. 그러나 사도 바울도 자기의 서신을 읽는 모든 독자들이 올바른 답을 알고 있다고 생각하지 않았다. 그래서 이렇게 질문했다. "하나님이 자기 백성을 버리셨느냐?(로마서 11:1) 나도 두 가지 이유 때문에 바울의 예

를 따르고 싶다. 첫째, 사탄은 이스라엘의 소명에 대해 교회를 속이려고 시도하기 때문이다. 둘째, 하나님의 눈동자에 관한 한 우리는 실수를 할 여유가 없기 때문이다.

하나님께서는 이스라엘을 버리셨는가? 바울은 자신이 던진 질문에 대해 대답했다. "그럴 수 없느니라…하나님이 그 미리 아신 자기 백성을 버리지 아니하셨나니"(로마서 11:1-2).

물론 우리 모두는 바울의 말에 동의한다고 말할 것이다. 나머지 로마서를 읽다 보면 이 질문이 더 이상 생각할 필요가 없음을 알게 된다. 그러나 중동의 현재 상황을 바라보면서 우리가 살아가는 시대의 세속적인 의견을 생각해 본다면 우리는 하나님께서 이스라엘을 완전히 버리셨다는 결론을 내리게 될지도 모른다.

누가 사도 바울의 말에 동의하지 않을 수 있는가? 글쎄, 그 당시에 선지자 엘리야는 이 말에 반대했을지도 모를 일이다. 바울은 엘리야가 하나님께 이렇게 기도하면서 이스라엘을 치시라고 간구했음을 상기시켜 준다. "주여 그들이 주의 선지자들을 죽였으며 주의 제단들을 헐어 버렸고 나만 남았는데 내 목숨도 찾나이다"(로마서 11:3).

그러나 하나님은 엘리야에게 이렇게 말해 주셨다. "내가 나를 위하여 바알에게 무릎을 꿇지 아니한 사람 칠천 명을 남겨 두었다"(로마서 11:4).

바울이 말하고자 하는 것은 이것이다. 비록 엘리야가 혼자라고 느꼈지만 그는 혼자가 아니었다. 이스라엘의 여건이 악화되었고 그들의 종교적인 모습이 가증스러울지라도 하나님은 그분의 길을 걸어가는 남은 자들을 하나님 자신을 위해 남겨두셨다. 하나님은 엘리야가 이 진리를 알기를 원하셨다. 하나님은 바울의 서신을 읽는 신도들이, 지금의 당신과 나를 포함한 독자들이 이 진리를 알기를 원하셨다. 오늘날 이스라엘의 상황은 엘리야 시대보다 더 나은 것처럼 보이지 않는다. 그러나 이스라엘의 하나님은 이스라엘의 미래에 대한 로드맵을 가지고 계신다. 궁극적으로 이스라엘의 미래는 밝고 영광스럽다.

하나님은 이스라엘을 향한 계획이 있으시다. 그분의 방법이 승리할 것이다. 오슬로 평화협약은 깨어졌다. 현재 유럽 연합(European Union, EU)의 '평화의 길 계획(Quarter Road Map)'과 미국과 유엔과 러시아도 결국은 실패할 것이다. 왜 그런가? 하나님께서는 그분의 말씀 위원회로부터 직접 나오는 로드맵을 가지고 계시며 결국은 그분의 말씀이 승리할 것이기 때문이다.

선지자 이사야를 통해 하나님은 이렇게 말씀하셨다. "이는 하늘이 땅보다 높음같이 내 길은 너희의 길보다 높으며 내 생각은 너희의 생각보다 높음이니라"(이사야 55:9). 하나님의 말씀은 하나님이 소원하시는 모든 것을 성취할 것이며 그분이 의도하시는 방법대로 완전하게 성공할 것이다. 하나님은 중동 지역의 갈등상황으로 인해 걱정하고 염려하며 땀에 흠뻑 젖어 손을 쥐어짜면서 하늘에 앉아 계시는 분이 아니다. 하나님은 평화를 가져올 수 있는 정치가를 찾고 계시지도 않는다. 그분은 구원자이시며 평화의 왕이시다!

하나님은 이스라엘의 미래를 위한 로드맵을 가지고 계신다. 그리고 하나님은 그분의 계획에 대해 하나님께 동의할 이 땅의 사람들을 찾고 계신다. 당신도 이스라엘의 미래에 대해 하늘에 계신 하나님이 갖고 계신 생각에 동의하는 한 명이 되겠는가?

나라는 하루 만에 탄생할 수 있다

선지자 이사야는 이렇게 질문했다. "나라가 어찌 하루에 생기겠으며 민족이 어찌 한순간에 태어나겠느냐?"(이사야 66:8). 이 질문에 "그렇다"라고 대답하는 소리가 울려 퍼진다! 다음은 나의 또 다른 저서 〈출애굽의 부르짖음〉(*Exodus Cry*)에서 발췌한 일부분이다.

> 1948년 5월 15일 자정이 지난 지 일분이 흐르자 이스라엘이라는 나라가 탄생했다. 이스라엘의 탄생을 반대하는 사람들이 UN에서 계속해서 논란을 벌이는 가운데 해리 트루먼 미국 대통령은 공식적으로 새로운 이스라엘을 인정하고 완전한 외교특권을 부여한다고 발표하면서 이들의 논란에 끼어들었다. 구 소련 연방(USSR) 또한 영국이 다시는 중동 지역으로 돌아오지 못하도록 못을 박기 위해 재빨리 이스라엘이라는 국가의 탄생을 인정했다!

이스라엘의 자손들은 설명할 수조차 없는 힘든 여정을 겪었다. 칠십 명의 가족으로 시작한 그들은 기근에서 벗어나기 위해 애굽까지 이동했다. 몇 백 년 후 그들은 100만 명 이상의 민족을 이루어 애굽을 떠났다. 전 세계의 열방들이 그들을 두려워했고 존경했다. 기원전 2000년까지 그들은 사울 왕의 통치 아래 그리고 하나님께서 정복하라는 권리를 주셨기 때문에 한 국가로 인정을 받았다. 두 세대가 흐른 후 이스라엘은 동방의 아시아 지역에서 가장 부유한 국가가 되었다.

이스라엘은 수천 년 동안의 유랑을 거쳐 하나님의 말씀에 의해 다시 돌아오게 된 유일한 민족이며 유일한 나라다.[1] 하나님은 선지자 아모스를 통해 이렇게 선포했다. "내가 그들을 그들의 땅에 심으리니 그들이 내가 준 땅에서 다시 뽑히지 아니하리라"(아모스 9:15). 이 기적은 우리가 살아 가는 동안 일어나고 있다! 이 말씀의 "다시는 아니 하리라"는 말씀이 실제로 "다시는 그렇지 않을 것이라"는 의미임을 깨닫기 위해 당신이 유명한 히브리어 학자가 될 필요도 없다. 이스라엘은 그들의 땅에서 다시는 결코 뽑히지 아니할 것이다.

소명과 분쟁의 네 도시[2]

1967년 6일 전쟁 중 이스라엘은 기원 후 70년 이래 처음으로 구시가지(Old City)를 포함한 예루살렘의 모든 지역에 대한 소유권을 가지게 되었다. 최근 몇 년 동안 하나님의 목적을 방해하는 대적들은 그들의 땅을 거짓 평화와 맞바꾸려는 계약을 강요하려고 시도해 왔다. 거짓말과 기만이 팽배했고 하나님을 두려워하기보다는 올바른 정치가 더 가치 있게 여겨졌다. 이후 4개의 중요하고 역사적인 지역이 '거래' 되었다. 이는 마치 이 땅들이 포커칩이고 테이블 위에 포커칩을 올려 놓고는 "그렇게 한다면 이것을 주겠소"라고 말하는 것과 같았다.

세겜, 벧엘, 헤브론 그리고 예루살렘은 하나님께서 이스라엘과 맺었던 언약이 탄생한 장소이다. 하나님은 이 언약의 약속들이 영원하다고 말씀하신다(창세기 13:15 참조). 그러나 마귀적이고 세속적인 많은 힘들이 모여들어 이스라엘의 심장부에 있는 이들 역사적인 지역을 침범하고 빼앗으려고 한다. 무슬림과 다른 이방 나라들과 일부 유대인들은 모두 이들 네 지역을 이슬람의 팔레스타인 국가로 교체함으로써 '평화' 를 위해 이들 지역을 내주어야 한다고 주장하고 있다. 이스라엘의 지도자들은 그들이 권한을 가지고 있는 가치 있는 유업을 주겠다고 마음대로 제안하고 있나. 그러나 하나님의 말씀은 그런 식으로 흥정할 수는 없다고 말하고 싶다.

벧엘을 방문했을 때 나는 왜 아라파트가 '알라의 높은 곳' 이라는 의미를 가진 도시 라말라를 떠나려 하지 않았는지 깨닫게 되었다. 라말라는 벧엘에서 1분밖에 걸리지 않는 도시다. 벧엘은 이스라엘이 잉태되었고(창세기 28:12-19 참조) 이후에 이름이 이스라엘로 바뀌는 야곱이라는 사람과 야곱이라는 이름이 태어난(창세기 35 참조) 장소이다. 나는 이스라엘의 대적들이 무엇을 이루려고 하는지 깨닫기 시작했다. 그들은 이스라엘의 기반을 파괴하고 하나님께서 그분의 백성들과 언약을 맺은 곳인 이스라엘의 중심부에 있는 기둥을 넘어뜨리려고 시도하고 있다.

이슬람의 테러리스트들은 유대 민족들을 그들의 약속의 땅에서 몰아내려는 목적을 가지고 하나님의 언약을 고의적으로 좌절시키는 사람들이다. 그것이 중동 지역 이슬람 테러리즘의 모든 것이다. 즉, 하나님의 언약의 백성을 절멸시키고 파멸시키려는 것이다. 그들의 목적은 유대인들을 조금씩 몰아내고 이슬람의 팔레스타인 국가로 만들려는 것과 다르지 않다. 그러나 이 모든 혼란 중에 하나님의 마음은 아랍인들과 유대인들이 메시아를 통해 화해하고 이 땅 가운데 하나님을 함께 예배드리는 축복된 모습을 보는 것이다(이사야 19:23-25 참조). 다음의 역사는 웨스트 뱅크의 중심부가 이스라엘에 속한 지역이라는 성경적 근거를 증명해 주고 있다.

세겜

아브라함이 현재의 이라크 지역에 뿌리를 내릴 때 그는 세겜 지역에 첫 번째 제단을 쌓았다. 이 곳에서 하나님은 아브라함에게 나타나 이렇게 말씀하셨다. "내가 이 땅을 네 자손에게 주리라"(창세기

12:7). 벧엘에서 이름이 이스라엘로 바뀌게 된 야곱도 세겜으로 돌아와 은전 100개를 주고 땅을 샀다(창세기 33:18-19). 이후 요셉이 죽은 뒤 그의 뼈를 애굽에서 가져와 세겜에 장사했다. 이 성경말씀은 유대민족이 세겜 지역에 대해 역사적으로 소유권을 가지고 있음을 보여준다.

벧엘

하나님께서 세겜 지역에서 "네 자손들에게 이 땅을 주겠다"고 약속하신 이후 아브람은 바로 옆 벧엘에 제단을 쌓았다(창세기 12:8 참조). 수년이 지난 후 하나님은 이 지역에서 하루 동안의 여정을 마치고 쉬고 있는 아브라함의 손자에게 나타나셨다. 창세기 28장 16-19절은 다음과 같이 기록하고 있다.

> 야곱이 잠이 깨어 이르되 여호와께서 과연 여기 계시거늘 내가 알지 못하였도다. 이에 두려워하여 이르되 두렵도다 이곳이여 이것은 다름 아닌 하나님의 집이요 이는 하늘의 문이로다 하고 야곱이 아침에 일찍이 일어나 베개로 삼았던 돌을 가져다가 기둥으로 세우고 그 위에 기름을 붓고 그 곳 이름을 벧엘이라 하였더라 이 성의 옛 이름은 루스더라.

야곱의 이름이 이스라엘로 바뀌게 된 것도 벧엘에서였다. 하나님은 야곱에게 선포하셨다. "일어나 벧엘로 올라가서 거기 거주하며…

네게 나타났던 하나님께 거기서 제단을 쌓으라" (창세기 35:1). 그러자 야곱은 그의 모든 집을 벧엘로 옮겨갔다. 벧엘에서 하나님은 야곱과의 언약을 다시 확인하시며 그의 이름을 이스라엘로 바꾸어 주셨다.

> 하나님이 그와 말씀하시던 곳에서 그를 떠나 올라가시는지라. 야곱이 하나님이 자기와 말씀하시던 곳에 기둥 곧 돌 기둥을 세우고 그 위에 전제물을 붓고 또 그 위에 기름을 붓고 하나님이 자기와 말씀하시던 곳의 이름을 벧엘이라 불렀더라
> (창세기 35:13-15).

헤브론

아브람은 조카 롯과 헤어진 이후 헤브론에 제단을 쌓았다. 롯과 아브람은 모두 양떼와 가축과 장막이 많았다. 그러나 동일한 땅에서 그들 둘 다 잘 살아갈 수 없었다. 그래서 그들은 헤어지기로 결정했다. 롯은 요르단의 골짜기를 선택했다. 이는 하나님께서 소돔과 고모라를 멸망시키시기 전이었다. 롯이 아브람과 헤어진 이후 하나님은 아브람을 격려하셨다.

> 롯이 아브람을 떠난 후에 여호와께서 아브람에게 이르시되 너는 눈을 들어 너 있는 곳에서 북쪽과 남쪽 그리고 동쪽과 서쪽을 바라보라 보이는 땅을 내가 너와 네 자손에게 주리니 영원히 이르리라. 내가 네 자손

이 땅의 티끌 같게 하리니 사람이 땅의 티끌을 능히 셀 수 있을진대 네 자손도 세리라. 너는 일어나 그 땅을 종과 횡으로 두루 다녀 보라 내가 그것을 네게 주리라. 이에 아브람이 장막을 옮겨 헤브론에 있는 마므레 상수리 수풀에 이르러 거주하며 거기서 여호와를 위하여 제단을 쌓았더라

(창세기 13:14-18).

아브라함은 헤브론에서도 땅을 샀다. 그는 은 사백 세겔을 주고 막벨라 동굴을 샀다(창세기 23:16 참조). 이 동굴은 아브라함과 사라와 그들의 자손들을 장사지내는 곳으로 사용되었다. 여호수아는 갈렙에게 약속의 땅에 대한 유업으로 헤브론을 주었다. "이는 그가 이스라엘의 하나님 여호와를 온전히 좇았음이라"(여호수아 14:14).

다윗은 헤브론에서 통치를 시작했고 7년 동안 다스렸다. 이후에 다윗은 33년 동안 예루살렘에서 통치하면서 예루살렘의 왕으로 오셔서 왕좌에 앉으실 메시아의 길을 예비했다.

예루살렘

오늘날 분쟁 중에 있는 이스라엘의 네 번째 도시는 예루살렘이다. 예루살렘은 하나님께서 궁극적인 언약을 세우신 도시이다. 그리고 골고다 언덕에서 예수 그리스도를 십자가에 못박은 도시이다. 이 장소는 아브라함 시대에는 모리아로 알려져 있었다.

하나님은 아브라함에게 그의 아들 이삭을 모리아로 데려가서 번제로 드리라고 말씀하셨다(창세기 22:1-19). 이 첫 번째 희생 제물, 즉 믿음의 아버지가 그의 약속의 아들을 드리는 장면은 두 번째 희생제물의 전조가 되었다. 하나님 아버지께서 그분의 독생자 아들을 동일한 장소에서 희생 제물로 사용하셨다.

여호와 이레 '공급하시는 하나님' 께서 보내신 메시아가 십자가에서 피를 쏟으시고 이스라엘 집을 위한 새로운 영원한 언약의 장을 여셨던 곳이 바로 모리아 산이었다(예레미야 31:31 참조).

메시아께서는 예루살렘에서 죽으셨을 뿐만 아니라 죽은 자 가운데서 다시 살아나셨으며 또한 예루살렘에 있는 그분의 왕권을 가지고 이 도시의 언약의 왕으로 영원히 다스리기 위해 곧 재림하실 것이다. 이사야는 이렇게 예언했다.

> 그 정사와 평강의 더함이 무궁하며 또 다윗의 왕좌와 그의 나라에 군림하여 그 나라를 굳게 세우고 지금 이후로 영원히 정의와 공의로 그것을 보존하실 것이라 만군의 여호와의 열심이 이를 이루시리라
>
> (이사야 9:7).

바로 이 때문에 예루살렘이 그렇게 중요한 것이다. 예루살렘은 유대인의 왕, 메시아에게 속한 땅이다. 예루살렘은 그분의 도시다. 그분이 다시 오셔서 통치하실 곳이다!

예루살렘은 정치적으로는 올바른 소유권을 되찾았다. 그러나 아직 분쟁이 심한 지역이며 마귀의 계략이 역사하고 있다. 단지 작은 팔레스타인 땅을 되찾는 것(뉴스 보도를 통해 그렇게 믿도록 설득하고 있다)이 문제가 아니다. 이스라엘이라는 나라 전체를 장악하려는 것이 문제이다(시편 83편을 기억하라). 현재의 계획에 따르면 세겜과 벧엘, 헤브론을 모두 유대인들에게서 빼앗아서 또 다른 상대에게 위탁해 넘기게 될 것이다.

이런 일이 일어난다 하더라도 지속되지는 않을 것이다. 결코 그런 상태가 지속되지 못할 이유가 있다. 하나님께서 아랍인이나 히스패닉이나 아프리카인이나 아시아인들보다 유대인을 더 사랑하시기 때문이 아니다. 하나님께서는 아브라함과 이삭과 야곱과 맺은 약속을 지키시는 신실하신 분이시기 때문이다. 하나님은 전 세계에 그분이 신실하신 하나님이며 성경이 그분의 진리의 말씀임을 증명하실 것이다.

스가랴 12장으로 카운트다운

2004년 1월의 어느 한밤중에 하나님께서 나를 깨우셨다. 그분은 말씀하셨다. "파수꾼아, 말해 보라. 무엇이 보이느냐?" 나는 눈을 들었다. 눈에 보이는 것은 자연스럽게 침실 벽에 걸려 있는 시계였다.

시계가 가리키는 시간은 11시 53분이었다. 그리고 12라는 숫자 위에 'Zech' 라는 글자가 있었다. 성령께서는 말씀하셨다. "파수꾼아, 말해 보라. 어떤 소리가 들리는가?" 그러고 나서 내면의 소리가 아닌 실제 소리로 하나님의 음성이 들렸다. "스가랴(*Zechariah*) 12장으로 카운트다운."

나는 하나님의 임재 앞에 잠시 머물렀다. 그리고 그분의 분명한 임재가 거두어질 때까지 움직이지 않았다. 그리고는 불을 켜고 스가랴 12장을 읽었다. 너무나 놀라운 장이었다. 모든 장이 예루살렘이라는 도시에 대한 것이었다. 스가랴 12장의 일부를 함께 읽어 보자.

> 이스라엘에 관한 여호와의 경고의 말씀이라 여호와 곧 하늘을 펴시며 땅의 터를 세우시며 사람 안에 심령을 지으신 이가 이르시되 보라 내가 예루살렘으로 그 사면 모든 민족에게 취하게 하는 잔이 되게 할 것이라. 예루살렘이 에워싸일 때에 유다에까지 이르리라. 그 날에는 내가 예루살렘을 모든 민족에게 무거운 돌이 되게 하리니 그것을 드는 모든 자는 크게 상할 것이라. 천하 만국이 그것을 치려고 모이리라…
>
> 그 날에 여호와가 예루살렘 주민을 보호하리니 그 중에 약한 자가 그 날에는 다윗 같겠고 다윗의 족속은 하나님 같고 무리 앞에 있는 여호와의 사자 같을 것이라. 예루살렘을 치러 오는 이방 나라들을 그 날에 내가 멸하기를 힘쓰리라. 내가 다윗의 집과 예루살렘 주민에게 은총과 간구하는 심령을 부어 주리니 그들이 그 찌른 바 그를 바라보고 그를 위

하여 애통하기를 독자를 위하여 애통하듯 하며 그를 위하여 통곡하기를 장자를 위하여 통곡하듯 하리로다

(스가랴 12:1-3, 8-10).

스가랴 12장으로의 카운트다운이 시작되었다. 앞으로 7분 후, 7년 후, 또는 70년 후에 이 일이 일어날 것이라고 말하는 것이 아니다. 내가 아는 것은 하나님의 예언의 시계가 카이로스(*kairos*)의 순간을 향해 움직이고 있다는 것이다. 예루살렘을 향한 하나님의 계획이 절정에 달하게 되는 순간말이다. 이때가 카운트다운의 마지막 시점이 될 것이다!

하나님께서는 로드맵을 가지고 계시며 이 로드맵은 스가랴 12장 10절을 가리키고 있다. 나라들이 예루살렘에 대적해 나아온다는 소식을 들으면 스가랴 12장 3절과 같다는 것을 쉽게 알 수 있다. 그러나 좀더 읽다보면 스가랴 12장 10절에서 하나님께서 은혜와 간구의 영을 다윗의 집과 예루살렘의 주민들에게 부으실 것이고 그들은 그들이 찔렀던 한 분을 바라보며 통곡하게 될 것이라고 선포하는 것을 볼 수 있다. 모두 일어나 이스라엘의 소명을 위해 기도하자!

로마서 11장이 이사야 53장을 통해

계시적으로 하나님을 만난 이후 나는 시계에서 보았던 11시53분이라는 숫자에 대해 묵상해 왔다. 아마 이 숫자는 로마서 11장이 이

사야 53장을 통해 성취될 것이라는 의미일지도 모른다. 로마서 11장 (모든 이스라엘이 구원될 것이다)은 이사야 53장의 메시아에 대한 계시를 통해 성취될 것이다.

로마서 11장 12절은 유대인들이 메시아를 거부함으로써 이방인들에게 구원이 이루어졌다고 말하고 있다. 바울은 "그들의 넘어짐이 세상의 풍성함이 되며 그들의 실패가 이방인의 풍성함이 되거든"이라고 말하고 있다. 로마서 11장 15절은 계속해서 이렇게 말한다. "그들을 버리는 것이 세상의 화목이 되거든 그 받아들이는 것이 죽은 자 가운데서 살아나는 것이 아니면 무엇이리요."

"죽은 자 가운데서 살아나는 것"이 어떤 것이라고 생각하는가? 스가랴 14장 5, 8-9, 11절은 우리에게 그 날의 모습을 조금 엿보게 해준다.

> 나의 하나님 여호와께서 임하실 것이요 모든 거룩한 자들이 주와 함께 하리라…
>
> 그 날에 생수가 예루살렘에서 솟아나서 절반은 동해로, 절반은 서해로 흐를 것이라, 여름에도 겨울에도 그러하리라. 여호와께서 천하의 왕이 되시리니 그 날에는 여호와께서 홀로 한 분이실 것이요 그의 이름이 홀로 하나이실 것이라…
>
> 사람이 그 가운데에 살며 다시는 저주가 있지 아니하리니 예루살렘이 평안히 서리로다.

하나님 아버지께서는 그분의 아들, 메시아께서 겪으신 커다란 고통에 대해 보상해 주실 것이다. 이스라엘의 구원은 그 보상의 핵심 요소이다. 그리고 아버지께서는 반드시 그렇게 하실 것이다. 우리 자신을 이스라엘의 하나님께 맞추려 한다면 우리는 자신을 유대인들의 구원과 예루살렘의 회복이라는 그분의 언약과 예언적 약속에 맞추어야 한다.

이스라엘의 현재 상태에 대해 이론을 설명하고 주석을 달 준비가 되어 있는 정치 분석가들과 역사가, 기자, 신학자들을 찾기는 어렵지 않다. 그러나 넘쳐나는 의견과 강력한 감정들에도 불구하고 이스라엘의 미래는 여전히 대부분의 세계 사람들에게 미스터리로 남아 있다. 예수그리스도에게 구속된 종이자 사도인 바울은 믿는 자들이 이 신비를 알지 못하고 지혜가 없어서 이스라엘에 대해 예측하지 못하는 것을 원치 않았다(로마서 11:25). 성령께서는 로마서 11장에서 바울을 통해 상당히 많은 핵심적인 내용을 분명하게 말하고 있다.

이스라엘은 겉으로 보이는 모습과는 달리 결코 돌아올 수 없을 정도로 하나님으로부터 멀리 떨어지지는 않았다. 사실 그들의 떨어짐은 우리 이방인들에게 은혜를 베풀기 위한 방법으로서 하나님께서 미리 정해 두신 것이었다.

바울은 이렇게 말했다. "이는 그리스도 예수 안에서 아브라함의 복이 이방인에게 미치게 하고 또 우리로 하여금 믿음으로 말미암아 성령의 약속을 받게 하려 함이라"(갈라디아서 3:14).

어느 부분에서 유대인 메시아가 이방인들을 품어 주시는 것은 유대인들을 시기하게 만들기 위함이다(로마서 11:11 참조). 하나님의 가계도에서 이방인들은 '원래의 가지'가 아니다. 오히려 접붙임이 되었음을 인식해야만 하는 '돌감람나무'이다. 하나님의 계획은 '원래의 가지'를 원래의 감람나무에 다시 한 번 접붙이는 것이다(로마서 11:24 참조). 그 결과 온 이스라엘이 구원을 받게 될 것이다(로마서 11:26).

이스라엘에 대해서 우리는 스스로의 예측에 대해 지혜로워지거나 신비에 무지해져서는 안 된다. 로마서 11장 25절은 이렇게 말한다. "-하기까지 이스라엘의 더러는 우둔하게 된 것이라."

언제까지? 아마도 이 구절을 많이 읽었을 것이다. "-까지"라는 말이 이 구절의 핵심이라는 것을 깨달았는가? "-하기까지 이스라엘의 더러는 우둔하게 된 것이라." 이 말은 우둔하게 된 것이 모두 거두어지는 시점이 있다는 의미이다. 그 시간은 바로 "이방인의 충만한 수가 들어오기까지" 이다(로마서 11:25).

이방인의 충만한 수는 어떤 것인가? 이 모습은 부분적으로는 1967년 예루살렘이 이방인의 통치에서 해방되어 이스라엘의 통치로 회복되던 날과 유사할지도 모른다. 그러나 우리가 섬기는 하나님을 안다면 이 모습은 단지 땅에 대한 것이 아니라 마음에 대한 것도 포함된다는 사실을 알 수 있다.

대부분의 민족들 중에서 어떤 이방인 민족이 가장 유대인의 메시아에 대한 믿음으로 나갈 가능성이 희박한가? 이슬람 민족일까? 남은 이슬람 민족들 가운데 성령께서 능력으로 역사하셔서 그들이 거짓 신에서 돌이켜 유대인 메시아를 섬긴다면 어떻게 되겠는가? 사도적인 차원에서 나타나는 기적과 이적으로 하나님께서 그들에게 움직이셔서 그들이 주님의 나무에 접붙여진 돌감람나무처럼 된다면 어떻게 되겠는가? 유대인의 심장을 자극시켜서 시기하게 만든다면 어떻게 되겠는가?

내가 아는 것은 단지 하나님께서 로드맵을 가지고 계시며 그분의 뜻은 이루어질 것이라는 사실이다.

말씀에 근거한 기도 연습

이제 마지막으로 말씀에 근거한 기도 연습을 할 시간이다. 이 책을 다 읽었을 때쯤 당신이 중보기도를 한 횟수는 더 이상 연습 정도가 아닐 것이다. 그 기도는 이미 영향을 미치는 기도가 되어 있을 것이다! 그것이 나의 목표였다. 그러나 지금은 기도 연습을 하나 더 해보도록 하자.

말씀과 기도: 이사야 55:6-9

너희는 여호와를 만날 만한 때에 찾으라 가까이 계실 때에 그를 부르라.

악인은 그의 길을 불의한 자는 그의 생각을 버리고 여호와께로 돌아오라 그리하면 그가 긍휼히 여기시리라 우리 하나님께로 돌아오라 그가 너그럽게 용서하시리라. 이는 내 생각이 너희의 생각과 다르며 내 길은 너희의 길과 다름이니라 여호와의 말씀이니라. 이는 하늘이 땅보다 높음같이 내 길은 너희의 길보다 높으며 내 생각은 너희의 생각보다 높음이니라.

하나님, 당신의 길은 우리의 길보다 높습니다. 당신의 생각은 우리의 생각보다 높습니다. 이스라엘에 대한 당신의 길을 알고 당신의 생각대로 생각하게 해주시옵소서. 당신의 백성 이스라엘의 마음의 눈을 열어서 당신을 그들이 기다려 왔던 단 한 분으로 알게 해주시옵소서. 이스라엘이 전심으로 당신을 구하게 되기를 기도합니다.

당신을 찾는 자들이 당신을 발견하게 될 것이라는 당신의 약속에 감사드립니다. 이스라엘이 메시아를 만난 일로 인해 사악한 자들이 그들의 길을 포기하고 의롭지 못한 것들이 그들의 모든 악한 생각을 버리게 하옵소서.

이스라엘을 향해 외칩니다. "와서 하나님께 돌아가시오. 하나님은 당신들을 긍휼히 여기시며 당신들의 죄를 용서해 주실 것이오." 하나님, 당신께 나아오는 자들을 자비롭게 용서하시려는 당신의 뜻과 당신의 자비와 인자하심에 감사드립니다. 주님의 이름으로 기도드렸습니다. 아멘.

말씀과 기도: 아모스 9:14-15

내가 내 백성 이스라엘이 사로잡힌 것을 돌이키리니 그들이 황폐한 성읍을 건축하여 거주하며 포도원들을 가꾸고 그 포도주를 마시며 과원들을 만들고 그 열매를 먹으리라. 내가 그들을 그들의 땅에 심으리니 그들이 내가 준 땅에서 다시 뽑히지 아니하리라 네 하나님 여호와의 말씀이니라

하나님, 당신의 백성 이스라엘의 부를 회복시키소서. 그들이 황폐한 성읍을 건축해 거주하며 포도원들을 가꾸고 과원들을 만들고 그 열매를 먹을 것이라는 당신의 말씀에 동의합니다. 이스라엘의 황폐한 시간을 끝내소서. 그들이 당신의 나라를 위해 열매를 맺게 하소서. 이스라엘이 그들의 땅에 다시 심겨졌음에 감사합니다. 이스라엘을 인정하고 손을 내밀어 관계를 맺고 이스라엘을 위해 일어날 의로운 지도자들을 요청합니다. 이스라엘의 민족들이 다시는 그들의 땅에서 뿌리 뽑히지 않을 것이라는 약속 말씀에 감사를 드립니다. 이스라엘의 사람들을 흔드셔서 그들의 조상들에게 약속되었던 땅, 그들의 온전한 기업을 소유하게 하소서. 감사와 찬양을 주께 돌리며 하나님의 아들 메시아를 통해 기도드렸습니다. 아멘.

말씀과 기도: 스가랴 12:8-10

그 날에 여호와가 예루살렘 주민을 보호하리니 그 중에 약한 자가 그 날에는 다윗 같겠고 다윗의 족속은 하나님 같고 무리 앞에 있는 여호와의

사자 같을 것이라. 예루살렘을 치러 오는 이방 나라들을 그 날에 내가 멸하기를 힘쓰리라. 내가 다윗의 집과 예루살렘 주민에게 은총과 간구하는 심령을 부어 주리니 그들이 그 찌른 바 그를 바라보고 그를 위하여 애통하기를 독자를 위하여 애통하듯 하며 그를 위하여 통곡하기를 장자를 위하여 통곡하듯 하리로다.

하나님, 당신의 성 예루살렘의 주민들을 보호하실 날이 오고 있음에 감사드립니다. 주님, 그 날이 속히 오게 하소서! 당신의 전능하신 손을 뻗어 약한 자로 강하게 하소서. 다윗의 집에 그리고 예루살렘의 모든 거민들에게 은혜와 간구의 영을 부어 주소서. 그들의 눈을 뜨게 하셔서 우리의 죄가 찔렀던 한 분, 예수님을 보게 하소서. 그들의 심령을 찌르소서. 경건한 슬픔이 그들을 인도해 당신의 거룩한 아들, 당신의 장자이신 예수아 안에서 회개하게 하시고 믿음을 갖게 하옵소서. 아멘.

하나님의 계획에는 당신도 포함되어 있다

이스라엘의 이야기는 모두가 약속을 지키시는 하나님에 대한 이야기이다. 나는 살아 생전에 하루 만에 태어나서 회복되어 다시는 뽑히지 않을 국가를 보았다. 이 회복이라는 관점에서 하나님의 로드맵은 믿는 자들의 몸인 교회가 지금과 같은 시기에 모르드개와 에스더의 정신으로 하나님의 마음을 지고 가도록 요청한다.

이 길은 로마서 11장으로 이어져 있다. 그리고 이사야서 53장을 통과한다. 이 길은 고통받는 종을 계시함으로써 모든 이스라엘이 구원받는 것이다. 이스라엘이 다시 접붙임될 때는 죽은 자가 살아나는 정도가 아닐 것이다. 우리가 이스라엘을 위해 수고할 때 우리는 이전에는 없었던 전 세계적으로 가장 커다란 성령의 부으심을 위해 수고하는 것이다.

우리 하나님은 하늘에 계신 거룩하신 주님이시며 그분의 말씀은 결코 떨어지지 않는다. 하나님은 모든 것, 산 자와 죽은 자를 심판하시며 당신의 삶과 중동 지역에 대해 최종 결정권을 가지고 계신다. 그러나 그분은 또한 그분의 마음에 합하는 민족을 찾고 계신다.

우리는 언약의 기초가 되는 이 네 장소, 이스라엘 집의 기둥들이 이슬람에 의해 무너져 내리도록 내줄 것인가? 아니면 일어나서 필요하다면 모든 불가능성에도 불구하고 이스라엘의 언약의 하나님과 뜻을 같이 할 것인가? 우리는 믿음으로 아브라함의 자녀가 되었다. 우리는 예수아의 언약의 피 값으로 산 바 되었다. 우리는 영원히 존재하시며 예루살렘의 왕이 되시는 지존하시고 거룩하신 한 분에게 속한 바 되었다. 당신은 일어날 것인가? 하나님은 동맹할 자를 찾고 계시다. 당신은 하나님과 동맹하는 한 사람이 될 것인가?

이 책의 첫 장에서 나는 '더 크라이(The Cry)' 라는 연중 기도회를 하도록 요청했다. 당신도 에스더와 모르드개처럼 당신의 삶을 하나님의 목적을 성취하기 위한 제물로 기꺼이 드리겠는가? 하나님께서는 모든 사람들과 가정과 도시, 국가에 대해 목적과 계획을 가지고 계신다! 만물의 주인이신 하나님께서는 실제로 이스라엘과 중동의 모든 나라들에 대해 큰 소명을 가지고 계신다.

이 사실이 믿어지는가? 그렇다면 나와 다른 수천만 명의 사람들과 함께 동참하라. 이 약속들이 실제로 이루어지도록 기도하자. 하나님께서는 이스라엘을 위한 영광스러운 미래와 계획을 가지고 계신다. 이제 마지막으로 나와 함께 헌신하는 기도를 올려드리자.

하나님 아버지, 제가 당신의 왕국으로 들어왔을 때가 바로 지금과 같은 때였습니다. 제가 죽으면 죽겠습니다. 나의 생명은 당신으로부터 온 선물이며 내 자신의 것이 아닙니다. 당신의 전능하신 손을 내게 얹으사 나로 에스더를 돕는 모르드개가 되게 하소서. 광야에서 외치는 선구자의 소리가 되게 하소서. 이스라엘의 소명을 위해 울부짖고 중동을 향한 당신의 목적을 위해 효과적으로 개입할 수 있는 백성을 일으키소서. 나와 내 집은 당신의 목적을 위해 당신에게 사로잡히기를 원합니다. 오, 주님, 오소서. 당신의 이름을 위해 이 일을 행하소서. 모든 유대인들과 이방인들을 대신해 받으신 당신의 고난에 대한 상을 받으소서. 지금 이 시간 제 자신을 당신의 영광과 당신의 목적을 위해 내어드립니다. 아멘, 아멘!

● 묵상 질문

1. 이번 장에서 언급된 장소들 중 오늘날 큰 분쟁 가운데 놓여 있는 4개의 도시를 말해 보십시오. 이 도시들에 대한 분쟁이 일어난 이유는 무엇입니까?

2. 스가랴 12장 10절을 소리 내어 읽고, 지금 이 구절을 놓고 기도하십시오.

3. 에스더서에서 말하고 있는 모르드개와 에스더의 역할은 무엇이었으며, 그들의 삶을 지금 우리가 살고 있는 시대와 어떻게 연관지을 수 있습니까?

● 참고 서적

Intrater, Keith and Dan Juster. *Israel, the Church, and the Last Day*. Shippensburg, Pa.: Destiny Image, 2003.

Facius, Johannes. *Hastening the Coming of the Messiah*. Kent, England: Sovereign World Ltd., 2001.

| 부록: The Cry Prayer Focus(연도별) |

페르시아가 아하수에로 왕의 통치 하에 있던 중 에스더는 전국의 유대인들에게 3일 동안 금식하며 위기를 벗어나기 위한 중보기도를 하도록 요청했다. 3일간의 금식을 마친 에스더는 어전에 나아가 왕에게 담대하고 의로운 청을 하게 된다(에스더 4:16-5:1 참조). 유대 민족에 대해 이와 동일한 마음을 가지고 우리는 이 시대에 넘쳐나는 악에 대해 하나님의 얼굴을 구하는 기도를 매년 요청하고 있다.

퓨림절은 에스더의 중보기도의 결과 하나님께서 그들에게 개입해 주셨음을 기억하며 매년 유대인들이 기념하는 유대인들의 절기이다. 이 명절은 여호수아 당시 성벽이 건축되지 않은 도시에서는 아다월(유대력에 따르면) 14일에, 성벽이 둘러쳐진 도시에서는 15일에 지켜졌다(좀더 자세한 내용은 짐 골 목사의 〈출애굽의 부르짖는 기도〉(*Exodus Cry*) 참조. http://www.encountersnetwork.com).

다음의 표는 퓨림절을 기념하는 퓨림제 날짜와 2020년까지의 The Cry Prayer Focus 기간을 목록으로 정리한 것이다.

연도	퓨림제	The Cry Prayer Focus
2005	3월 25일	3월 23-25일
2006	3월 14일	3월 12-14일
2007	3월 4일	3월 2-4일
2008	3월 21일	3월 19-21일
2009	3월 10일	3월 8-10일
2010	2월 28일	2월 26-28일
2011	3월 20일	3월 18-20일
2012	3월 8일	3월 6-8일
2013	2월 24일	3월 22-24일
2014	3월 16일	3월 14-16일
2015	3월 5일	3월 3-5일
2016	3월 24일	3월 22-24일
2017	3월 12일	3월 10-12일
2018	3월 1일	2월 27일-3월 1일
2019	3월 21일	3월 19-21일
2020	3월 10일	3월 8-10일

| 미주 |

1장 이스라엘을 위해 파수꾼을 세웠도다!

1. Jim W. Goll, *Intercession*(Shippensburg, Pa.: Destiny Image, 2003), 15.

2. Jim W. Goll, *Kneeling on the Promises*(Grand Rapids, Mich.: Chosen Books, 1999), 185.

3. Johannes Facius, *Hastening the Coming of the Messiah*(Kent, England: Sovereign World Ltd., 2001), 14.

4. Jim W. Goll, *Exodus Cry*(Ventura, Calif.: Regal Books, 2001), 176-177.

5. Ibid., 182.

2장 짐을 지고 가는 자의 성품

1. Samuel J. Schultz, *The Old Testament Speaks*, 3rd ed.(San Francisco: Harper & Row, 1980), 255, 268. 참고로 사용했음. 직접 인용하지는 않았음.

3장 이와 같은 마음

1. Norman L. Geisler, *A Popular Survey of the Old Testament*(Grand Rapids, Mich.: Baker Book House, 1977), 235-236. 참고로 사용했음. 직접 인용하지

는 않았음.

2. Ibid., 243.

3. Samuel J. Schultz, *The Old Testament Speaks*, 3rd ed.(San Francisco: Harper & Row, 1980), 323. 참고로 사용했음. 직접 인용하지는 않았음.

4. Geisler, 264.

5. Schultz, 323-343.

6. Ibid., 365.

4장 하갈의 후손들

1 Sandra Teplinsky, *Why Care About Israel?*(Grand Rapids, Mich.: Chosen Books, 2004), 161.

2. Avner Boskey, *A Perspective on Islam*(Nashville, Tenn.: Final Frontier Ministries, 2001), 16.

5장 사라의 후손들

1. Sandra Teplinsky, *Why Care About Israel?*(Grand Rapids, Mich.: Chosen

Books, 2004), 84-85.

2. Ibid., 85.

3. Ibid., 84.

4. Derek Prince, *Promised Land, God's Word and the Nation of Israel*(Charlotte, N.C.: Derek Prince Ministries, 2003), 17-18.

5. Asher Intrater, Ari and Shira Sorko-Ram에 인용됨, *Praying for Israel: How?*(Tel Aviv, Israel: Maoz Israel Report, 2004), 2. 본 내용 및 주제에 대한 자세한 사항은 http://www.revive-israel.org를 참조 바람.

6. Ibid., 2.

7. Ibid.

8. Kai Kje-Hasen, *Joseph Rabinowitz and the Messianic Movement: The Herzl of Jewish Christianity*(Grand Rapids, Mich.: Wm. B. Eerdman's Publishing Co.; The Stables, Carberry, Scotland: The Handsel Press LTD; 1995), 18-19.

9. Don Finto, *Your People Shall Be My People*(Ventura, Calif.: Regal Books, 2001). 현대의 메시아주의 운동(Messianic Movement)이라는 주제에 대해 더 많은 것을 알고 싶다면 이 분야에 대한 저명한 책인 이 책을 추천한다.

6장 그두라의 후손들

1. Sandra Teplinsky, *Why Care About Israel?*(Grand Rapids, Mich.: Chosen Books, 2004), 237.

2. Ibid.

3. Robert Somerville, *The Three Families of Abraham*(Huntsville, Ala.: Awareness Ministry, 2002). 이 책에서 구절을 직접 인용하지는 않았지만 이

짧은 원고는 가장 적절한 순간에 내 손안에 놓여 있었다. 그리고 그 내용은 4, 5, 6장을 써내려갈 때 매우 큰 도움이 되었다.

7장 소명의 도시, 예루살렘

1. Barry Segal and Batya Segal, *Jerusalem-On-The-Line*(Jerusalem, Israel: Vision for Israel, 2004). 이 부분은 2004년 5월 27일에 인터넷을 통해 들어온 월별 기도편지로부터 가져왔다.
2. Mike Evans, *Jerusalem Prayer Team*(Euless, Tex.: Jerusalem Prayer Team, 2004). 이 절에 대한 영감과 직접적인 인용부분은 인터넷을 통해 매주 보내오는 뉴스레터에서 가져왔다. 좀더 자세한 내용은 http://www.jerusalemprayerteam.org에서 참고바람.
3. Michael D. Evans, The American Prophecies(New York: Time Warner Books, 2004), 85-86.
4. Ibid., 87.
5. Ibid., 97.
6. Mike Evans, Jerusalem Prayer Team(Euless, Tex.: Jerusalem Prayer Team, 2004). 이 절에 대한 영감과 직접적인 인용부분은 인터넷을 통해 매주 보내 오는 뉴스레터에서 가져왔다.
   좀더 자세한 내용은 http://www.jerusalemprayerteam.org에서 참고바람.
7. Ruth Ward Heflin, Jerusalem, Zion, Israel and the Nations(Hagertown, Md.: McDougal Publishing, 1999), 4-16. 이 책은 7장을 위한 참고 서적으로 사용되었다. 직접 인용은 하지 않았다.
8. Ibid., 19-30; 47-48; 53-57.
9. Johannes Facius, *Hastening the Coming of the Messiah*(Kent, England:

Sovereign World Ltd., 2001), 84.

10. Ibid., 85.

11. Robert Stearns, "Prayer for the Peace of Jerusalem," *Kairos Magazine*(Clarence, N.Y.: Kairos Publishing, 2003), 8-9.

12. Robert Stearns and Jack Hayford, "Day of Prayer," http://www.daytopray.com(August 2004)

8장 '알리야(*Aliyah*)'의 성취를 위해 기도하라!

1. Dr. Richard F. Gottier, *Aliyah, God's Last Great Act of Redemption*(Kent, England: Sovereign World Ltd., 2002), 10.

2. Tom Hess, *Let My People Go!*(Washington, D.C.: Progressive Vision, 1987), 118-120.

3. Malcom Hedding, *Understanding Israel*(Oklahoma City, Okla.: Zion's Gate International, 2002), 145.

4. Ibid., 19.

5. James W. Goll, *Kneeling on the Promises*(Grand Rapids, Mich.: Chosen Books, 1999). 8장의 내용은 필자가 이전 책들을 쓰는 동안 연구했던 내용과 동일한 진리들에 근거해 작성되었다.

6. Derek Prince, *Promised Land, God's Word and the Nation of Israel*(Charlotte, N.C.: Derek Prince Ministries, 2003), 75-76.

7. Ramon Bennett, *When Day and Night Cease*(Jerusalem, Israel: Arm of Salvation, 1992), 122-123.

8. James W. Goll, *Exodus Cry*(Ventura, Calif.: Regal Books, 2001), 107-108.

9. Ibid., 182.

10. Gottier, 89.

9장 이스라엘의 미래를 위한 하나님의 로드맵

1. Gordon Lindsay, *The Miracle of Israel*(Dallas: Christ for the Nations, Inc., 1987), 46.
2. Tom Hess, 사역자료, 제목은 없음.(Jerusalem, Israel: Jerusalem House of Prayer for All Nations, 2003), 1-2. 이 부분의 일부분은 Tom Hess의 가르침 사역에서 가져왔다.

| 용어 정리 |

이 간단한 용어 정리가 이 책 전체를 통해 내가 사용했던 몇몇 용어의 의미를 명확히 설명하는 데 도움을 줄 것이라고 생각한다. 이것은 물론 완전하고 포괄적인 전문 사전은 아니다. 오히려 몇몇 용어들을 필자의 언어로 간단하게 정의해 보았다. 이 용어사전이 독자들에게 도움이 되어서 독자들과 사용자들에게 좀더 친근하게 다가갈 수 있게 되기를 바란다.

알리야(Aliyah): 유대인들이 이스라엘의 고향 땅으로 돌아간다는 뜻의 히브리어이다. 말 그대로는 '올라간다' 는 뜻이다.

반유대주의(Anti-Semitism, Anti-Semitic): 유대인들과 그들의 종교적 행위, 문화, 유대민족에 대한 강력한 증오, 반감, 미움 또는 차별.

대속죄일(Day of Atonement): 유대인들에게 가장 거룩한 날이다. 일년에 한 번 죄에 대해 희생 제물을 드리고 금식하고 절제하며 인내하는 날이다. 성전이 파괴되기 전 대제사장은 히브리 달력으로 일곱 번째 달 10일에 지성소로 들어가서 성전과 제사장들과 백성들을 대신해 희생제물을 드린다. 이는 가장 높으신 분, 그분 자신을 단번에 영원한 산 제물로 드리신 예수님께서 오시는 모습을 미리 나타내는 것이다. 예수님은 우리를 위해 영원한 구원에 대한 값을 치르셨다. 욤 키퍼(Yom Kippur)라고도 알려진 이 날은 오늘날에도 금식하고 죄를 고백함으로써 지켜지고 있다.

디아스포라(Diaspora): 유대 백성이 모세가 살던 시기에 애굽으로 보내진 것처럼 유대인이 고향 땅으로부터 분산되는 것.

금식기도(Fasting): 하나님께 드리는 제물로서 음식을 절제함으로써 하나님께서 영적인 능력과 간섭을 베푸시도록 하는 것. 또한 하나님 앞에 자신의 영혼을 겸손하게 낮추는 행위.

이방인(Gen tile): 히브리어로 이 단어를 말그대로 풀이하면 '열방' 이라는 의미이다. 그러나 이 말은 유대인의 뿌리가 아니거나 유대교 신자가 아닌 사람들을 설명할 때 사용된다.

수금과 대접(Harp and Bowl): 이 용어는 '경배와 중보기도' 를 의미하는 말로 요한계시록 5장과 8장에서 가져온 말이다. 수금은 상징적으로 경배를 의미하고 향기로 가득찬 대접은 믿는 자들의 기도를 말한다. 따라서 '수금과 대접' 은 주로 경배와 중보기도의 행위를 합해 나타낼 때 사용된다.

유대인 대학살(홀로코스트, Holocaust): 두 번째 유대인 추방이라는 역사상 가장 비극적인 시간을 이렇게 부른다. 홀로코스트는 1933-1945년의 12년에 걸쳐 일어났다. 이는 소위 '유대인 문제' 에 대해 나치가 만들어 낸 '최종 해결책' 이었으며, 나치는 유대 민족의 체계적인 파멸을 주장했다. 이 비극적인 기간 동안 최소한 600만 명의 유대인이 사망했을 것으로 추정된다.

동일시 회개기도(Identificational Repentance): 어떤 특정한 배경을 가진 가족이나 민족, 도시 또는 국가의 어떤 세대가 지은 죄를 다른 누군가가 대신해서 고백하는 중보기도의 형태이다. 중보자는 가족이나 민족의 어떤 세대가 지은 죄를 분별하고 죄나 부정에 대해 하나님 앞에서 회개한다. 이 주제에 대한 더 자세한 내용은 필자의 저서 〈중보기도: 역사를 만드는 능력과 열정〉(*Intercession: The Power and the Passion to Shape History*)을 읽어 보기 바란다.

중보기도(Intercession): 탁월한 존재에게 요청하는 행위. 또는 우리의 단 한 분뿐인 탁월한 존재이신 하나님께 마음속 깊은 곳의 열망을 표현하는 것.

중보자(Intercessor): 아직 성취되지 않고 남아 있는 하나님의 약속과 과제에 대해 하나님께 생각나게 하는 자. 다른 사람을 대신해서 하나님 앞에서 부정한 사건을 변호하는 자. '울타리' 를 치는 자(전쟁 시 성벽을 세우는 자). 의로운 심판을 하시는 하나님과 자비가 필요한 사람들 사이의 틈새에 서는 자.

카이로스(*Kairos*): 희랍어 신약 성경에서는 '시간'을 의미하는 단어로 두 개의 서로 다른 용어를 사용하고 있다. '크로노스(*Chronos*)'는 사건들을 연대순으로 배열하는 시간을 의미하는 희랍어이다. '카이로스(*Kairos*)'는 시간과 약속이 만났을 때를 의미하는 시간이다. 하나님의 계획과 목적, 소명이 이 특정한 순간에 펼쳐질 때 '전략적인 시간'이 만들어진다.

오림(Olim): 다른 땅에서 올라가는 사람들(이스라엘의 유대인 이주자 – 역주).

북쪽 땅(Land of the North): 구약에 나오는 말로 지리적으로 예루살렘의 바로 북쪽에 위치한 지역들을 가리킨다. 특히 이 말은 구 소련 연방 지역을 의미할 때 사용한다. 이 주제에 대한 자세한 내용은 필자의 책 〈출애굽의 부르짖음〉(Exodus Cry)를 읽어 보기 바란다.

선지자/선지녀: 하나님의 관심사를 사람들에게 대신 전하는 남자나 여자. 하나님의 위원회에 선 선지자는 그 순간 하나님의 마음속에 있는 것을 사람들에게 나팔을 불어 알린다. 어떤 사람들은 이를 에베소서 4장 11절의 다섯 가지 사역의 은사들 중 하나로 언급한다.

예언적 중보기도: 하나님의 짐(하나님의 말씀, 관심, 경고, 조건, 비전, 약속)을 듣거나 받기 위해 하나님 앞에서 기다리고 적절한 행동으로 하나님과 사람들에게 다시 반응하는 행위.

세파르디(Sephardic/Sephardim): '세파르드'는 히브리어로 '스페인'이라는 뜻이다. 따라서 이 용어는 스페인이나 포르투갈에서 태어나거나 그들의 후손인 유대인들을 의미한다. 현재 많은 세파르디 유대인들이 중남미 지역에 살고 있다.

간구기도(Supplication): 하나님께 간청하고 구하고 탄원하고 애원하는 진심어린 열렬한 기도.

해산의 기도(Travail): 영적으로 아이를 낳는 것과 같은 기도. 하나님 나라의 영역을 확장시키기 위해 어떤 것을 창조해 내거나 깨달음이 넓어지는 것.

강림(Visitation): 하나님에 대한 경외와 함께 하나님의 임재를 분명하게 느끼는 초자연적인 경험. 이는 사도행전이나 다른 성경적 의미에 따르면 천사가 찾아오는 형태로 나타나기도 한다.

하나님의 경계(Watch of the Lord): 교회나 도시, 나라의 생사에 대해 경계하고 기도하고 불침번을 서기 위해 예수님의 이름으로 모이는 것(마태복음 24장, 마가복음 13장, 누가복음 21장 참조).
이는 또한 성의 외곽을 보기 위해 또는 다가오는 대적들이나 왕의 사절들에 대해 수문장들을 일깨우기 위해 하나님의 성벽 위에 서는 사람들의 위치를 의미한다. 그리고 성의 안쪽에서는 무질서하고 법을 지키지 않는 대적들의 행동을 감지하고 이에 맞서기 위해 살피는 행동이다.

파수꾼(Watchmen): 감시하는 위치에서 섬기는 자. '하나님의 경계'를 참고하라.

예수아(Yeshua): 메시아이신 예수 그리스도, 우리를 구원하시는 자를 의미하는 히브리어 또는 유대어.

시온주의(Zionism): 1800년대 말 스위스에서 시어도어 헤르즐(Theodor Herzl)에 의해 만들어진 운동. 그는 유대 민족의 진정한 소명은 오직 그들의 오랜 언약의 고향이자 국가적 고향인 시온에서만 발견할 수 있다고 믿었다. 이들 '시온주의자'들은 홀로코스트가 시작되기 수십 년 전부터 유대인들이 유럽을 떠나 그들의 오랜 고향 땅으로 되돌아가야 한다고 촉구했다.

| 관련 사역 단체(Referral Ministries) |

전 세계에는 이스라엘과 유대 민족을 위한 놀라운 많은 사역들이 있다. 기도, 경배, 금식, 긍휼, 아웃리치, 인도적 구호, 영적 가르침과 화해를 위한 행사 및 집회, 유대인의 귀향 또는 그 땅으로의 알리야(aliyah)를 위한 사역 등이다. 이들 사역을 위한 단체들 중 일부를 소개해 보겠다.

| 기도 사역

열방을 위한 예루살렘 기도의 집(Jerusalem House of Prayer for All Nations)
톰 헤스(Tom Hess)가 이스라엘 예루살렘에 있는 '열방을 위한 예루살렘 기도의 집의 디렉터를 맡고 있다. 연중으로 열리는 다양한 기도 집회와 이스라엘에서 갖는 주중 기도 사역에 대한 더 자세한 내용은 jhopfan@compuserve.com으로 문의하기 바란다.

예루살렘 기도 팀(Jerusalem Prayer Team)
텍사스 주 율리스의 마이크 에반스(Mike Evans)가 회장을 맡고 있는 '예루살렘

기도 팀' 은 이스라엘을 향한 하나님의 목적을 이루기 위해 100만 명의 사람들이 정기적으로 기도하도록 요청하고 있다.
더 자세한 내용은 http://www.jerusalemprayerteam.org를 방문하기 바란다.

예루살렘의 평화를 위해 기도하는 날(Prayer for the Peace of Jerusalem Day)
전 세계의 그리스도의 몸을 통해 집중적으로 '예루살렘의 평화를 위해 기도하는 날' 은 매년 10월의 첫 번째 주일이다. 7장에서 인용한 '기도를 위한 결의문(Resolution for a Call to Prayer)' 은 독수리 날개 사역(Eagles' Wings Ministries) 및 기타 사역 단체에서 주도했다. 더 자세한 내용은 로버트 스턴과 잭 헤이포드의 지도력 아래 만들어진 http://www.daytopray.com을 참조하기 바란다.

더 크라이(The Cry) **– 퓨림절 집중 기도**
매년 퓨림절 기간에 3일 동안 기도하고 금식하는 기도이다. 더 자세한 내용은 짐 골 저서 〈출애굽을 위한 부르짖음〉(Exodus Cry)을 읽어보기 바란다. 이 기도 전략에 대한 보고서와 최신 내용은 http://www.encountersnetwork.com을 방문해 "이스라엘 법안(Israel Acts)" 부문을 참고하기 바란다. 그리고 에스더와 같이 기도하는 이 연중 집중 기도의 날짜는 이 책의 부록을 참조하기 바란다.

엘리야 기도 군대 – 이메일 주간 기도 편지

'국제 파수꾼 사역(The Watchman International)'의 디렉터 라스 에너슨(Lars Enarson)은 특히 무슬림과 유대인의 갈등에 간섭하기 위해 매주 금요일 금식하고 기도하는 특별한 시간을 갖도록 요청한다. 엘리야 기도 군대에 가입하고 기도 편지를 받고 싶다면 epa@thewatchman.org를 통해 가입할 수 있다. 유월절(Passover) 연례 기도 집회도 계획되어 있다. 더 자세한 내용은 www.thewatchman.org에서 문의하기 바란다.

기도 연합(United Prayer Coalition)–월별 기도 지침

Aglow International, Lydia Fellowship, Endtime Handmaidens가 연합해 만들어진 '기도 연합'은 미국과 이스라엘 그리고 청소년들을 위해 매월 31일 '매일 성경 기도를 위한 기도 지침서'를 제공하고 있다. http://www.encountersnetwork.com의 'Prayer Storm(기도의 폭풍)' 부문을 열면 이 전략적인 기도 도구를 볼 수 있으며 다운로드할 수도 있다.

인도적 구호

이스라엘 구호 기금(Israel Relief Fund)

다른 사역들과 연합해 일하고 있는 이스라엘 구호 기금은 이스라엘의 빈민층에게 인도적 구호물을 보내고 이스라엘을 대신해 제 3세계 국가들에 물건을 보낸다. 더 자세한 내용은 http://www.israelreflief.org를 방문하거나 1-615-742-5500에 문의하기 바란다.

이스라엘을 위한 비전(Vision for Israel)/요셉의 창고(Joseph Storehouse)

'이스라엘을 위한 비전' 은 물질적인 수단을 통해 이스라엘에 살고 있는 동지들의 마음과 삶을 만지는 '영적 플로잉' 을 위한 통로가 되는 특권을 갖고자 한다. 더 자세한 내용은 http://www.visionforisrael.com을 방문하거나 info@visionforisrael.com으로 이메일을 보내어 문의하기 바란다. 이 사역의 디렉터는 베리(Barry)와 베탸 시걸(Batya Segal) 부부이다.

교육, 화해, 미디어

JVMI(Jewish Voice Ministries International)

조나단 버니스(Jonathan Bernis)가 디렉터를 맡고 있는 JVMI는 처음으로 유대인들에게 복음을 전했으며 TV와 라디오, 출판 그리고 메시아주의 아웃리치 페스티벌을 크게 개최하는 행사 등을 통해 열방 가운데 복음을 전하기 시작한 전 세계적인 아웃리치 사역 단체다. 더 자세한 내용은 www.jewishvoicetoday.org를 참조하기 바란다.

메시아닉 비전(Messianic Vision)

미국 내 신디케이트 형식의 라디오, TV, 출판 사역인 Messianic Vision 회장 시드 로스(Sid Roth)는 25년 이상 유대인 복음주의자로서 최선두의 길을 걸어 왔다. www.sidroth.org에서 시드의 라디오 및 TV 프로그램 아카이브를 확인할 수 있다.

예루살렘으로 가는 길(Road to Jerusalem)

프라미스 키퍼스의 창시자 코치 빌 매카티(Coach Bill McCarthy)가 만든 사역 단체인 '예루살렘으로 가는 길'은 이방인이 세운 교회가 집회와 행사를 통해 유대인의 뿌리로 되돌아 오도록 가르치고 교육하고 격려하는 일을 강조한다. 그리스도의 몸된 교회에서 메시아주의 유대인들과의 상호작용, 화해, 교제를 장려한다. 더 자세한 내용은 www.roadtojerusalem.org를 방문하기 바란다.

예루살렘 위원회 II를 향하여(TJC II, Toward Jerusalem Council II) – **유대인과 이방인의 화해**

TJC II는 교회 내에서 유대인들과 이방인들 사이에 회개와 화해를 처음으로 주장했다. 이 사역은 이를 통해 '새로운 한 몸'이라는 성경적 표현을 향해 나아가고 있다. 더 자세한 내용은 마티 월드만(Marty Waldman) 사무국장에게 문의하기 바란다(이메일 주소: egs@tjc2.org).

알리야(*Aliyah*)–땅으로의 귀환

에벤에셀 하우스(Ebenezer House) – 유대인들의 땅으로의 귀환

이 사역은 유대인들이 배나 비행기를 이용해 이스라엘로 귀환(알리야)할 수 있도록 돕기 위해 기금을 조성한다. 이 사역은 구스타브 쉘러(Gustav Scheller)와 요하네스 파시우스(Johannes Facius)가 창립했다. 더 자세한 내용은 ecf@btinternet.com으로 에벤에셀 하우스로 문의하기 바란다.

엑소 버스 프로젝트(Exobus Project)

이 사역 단체는 다수의 버스를 운영하는 단체이다. 이는 다른 나라에 살고 있는 유대인들을 다른 교통편이 기다리고 있는 주요 공항, 항구 또는 기타 교통 중심지까지 이동시켜 줌으로써 그들의 귀환을 돕는 일을 한다. 자세한 내용은 exobus@exobus.org로 문의하기 바란다.

| 참고 서적 |

Alves, Elizabeth. *Discovering Your Prayer Power.* Ventura, Calif.: Regal Books, 2001.

Archbold, Norma. *The Mountains of Israel.* Jerusalem, Israel: Phoebe' s Song Publication, 1993.

Bennett, Ramon. *When Day and Night Cease.* Jerusalem, Israel: Arm of Salvation, 1992.

Brimmer, Rebecca J. *"For Zion' s Sake I Will Not Be Silent."* Jerusalem, Israel: Bridges for Peace International, 2003.

Brown, Michael L. *Our Hands Are Stained with Blood.* Shippensburg, Pa.: Destiny Image, 1992.

Evans, Michael D. *The American Prophecies.* New York: Time Warner Books, 2004.

Facius, Johannes. *As in the Days of Noah.* Tonbridge, England: Sovereign World Ltd., 1997.

_______. *Hastening the Coming of the Messiah.* Kent, England: Sovereign World Ltd., 2001.

Finto, Don. *Your People Shall Be My People.* Ventura, Calif.: Regal Books, 2001.

Goll, James W. *Exodus Cry.* Ventura, Calif.: Regal Books, 2001.

_______. *Intercession.* Shippensburg. Pa.: Destiny Image, 2003.

_______. *Kneeling on the Promises.* Grand Rapids, Mich.: Chosen Books, 1999.

_______. *Prayers for Israel* CD and audiotape. Kelowna, British Columbia, Canada: Revival Now! Resources, 1999.(Encounters Network 웹사이트 http://www.encountersnetwork.com에서 주문할 수 있음.)

Gottier, Dr. Richard F. *Aliyah, God's Last Great Act of Redemption.* Kent, England: Sovereign World Ltd., 2002.

Hedding, Malcom. *Understanding Israel.* Oklahoma City, Okla.: Zion's Gate International, 2002.

Hess, Tom. *Let My People Go!* Washington, D.C.: Progressive Vision, 1987.

_______. *The Watchmen: Being Prepared and Preparing the Way for Messiah.* Washington, D.C.: Progressive Vision International, 198.

Heflin, Ruth Ward. *Jerusalem, Zion, Israel and the Nations.* Hagerstown, Md.: McDougal Publishing, 1999.

Intrater, Keith and Dan Juster. *Israel, the Church, and the Last Days.* Shippensburg, Pa.: Destiny Image, 2003.

Juster, Dan. *Jewish Roots.* Shippensburg, Pa.: Destiny Image, 1995.

Kjaer-Hansen, Kai. *Joseph Rabinowitz and the Messianic Movement,* Grand Rapids, Mich.: Wm. B. Eerdman' s Publishing Co. and The Stables, Carberry, Scotland: The Handsel Press Ltd., 1995.

Lambert, Lance. *Battle for Israel.* Eastbourne, England: Kingsway Publications, 1976.

_______. *The Uniqueness of Israel.* Eastbourne, England: Kingsway Publications, 1991.

Lindsay, Gordon. *The Miracle of Israel.* Dallas: Christ for the Nations, Inc., 1987.

Prince, Derek. *Praying for the Government.* Fort Lauderdale, Fla.: Derek Prince Ministries, 1970.

_______. *Shaping History through Prayer and Fasting.* Old Tappan, N.J.: Spire, 1973.

_______. *The Last Word on the Middle East.* Lincoln, Va.: Chosen, 1978.

_______. *Promised Land, God' s Word and the Nation of Israel.* Charlotte, N.C.: Derek Prince Ministries, 2003.

Scheller, Gustav. *Operation Exodus.* Kent, England: Sovereign World Ltd., 1998.

Somerville, Robert. *The Three Families of Abraham.* Huntsville, Ala.: Awareness Ministry, 2002.

Teplinsky, Sandra. *Our of Darkness: The Untold Story of Jewish Revival in the Former Soviet Union.* Jacksonville Beach, Fla.: Hear O Israel Publishing, 1998.

_______. *Why Care About Israel?* Grand Rapids, Mich.: Chosen Books, 2004.

Williamson, Clyde and James Craig. *The Esther Mandate Fast.* Toronto, Ontatio, Canada: Almond Publications, 1987.

| 저자 소개 |

이 책의 저자 짐 골(James W. Goll)은 아내 미갈 앤(Michal Ann)과 함께 Encounters Network(전 열방사역:Ministry of the Nations)를 공동으로 창립했다. 짐 골 목사는 국제추수사역 사도팀(Harvest International Ministries Apostolic Team)의 팀원이며 다수의 국내외 위원회의 회원으로 활동하고 있다. 또한 카이로스(Kairos) 매거진과 기타 간행물에 글을 기고하고 있다.

짐 골 목사와 미갈 앤 사모 사이에는 네 명의 자녀가 있고 이들은 테네시 주 프랭클린의 아름다운 낮은 언덕 위에 살고 있다.

짐 골 목사는 Equipping in the Prophetic, Blueprints for Prayers and Empowered for Ministry와 같은 주제들에 대한 몇몇 연구 지침을 출판했다. 또한 Encounters Resource Center에서는 수백 개의 설교 오디오 테이프와 CD, 비디오 자료들을 구할 수 있다.

짐 골 목사와 사모 미갈 앤의 또 다른 저서는 다음과 같다.

The Lost Art of Intercession

Kneeling on the Promises

Fire On the Altar

Wasted on Jesus

Exodus Cry

Elijah's Revolution

The Coming Prophetic Revolution

Women on the Frontlines – A Call to Courage

Intercession: The Power and the Passion to Shape History

A Call to the Secret Place

The Beginner's Guide to Hearing God

The Seer

God Encounters

더욱 자세한 내용은 다음 주소로 연락하십시오.

Encounters Network

P.O.Box 1653

Franklin, TN 37075

전화: 615-599-5552

팩스: 615-599-5554

주문전화: 1-877-200-1604

이메일: info@encountersnetwork.com

컨퍼런스와 자료에 대해 더 알고 싶거나 월별 이메일 Communiques에 등록을 하려면 www.jamesgoll.com 또는 www.encountersnetwork.com을 방문하시기 바랍니다.

〈출애굽을 위한 부르짖음〉(*Exodus Cry*)에서 짐 골 목사는 성경에 예언되어 있는 하나님의 계획, 즉 북쪽 땅에서 핍박을 받는 수백만의 유대 민족들을 이끌어 내고자 하시는 하나님의 계획에 대한 흔적을 따라간다. 북쪽 땅으로부터의 대탈출은 이미 시작되었다. 이는 이스라엘의 눈을 열어 마침내 그들이 메시아를 보도록 인도할 것이다! 교회는 기도의 어깨 위에 그들을 지고 그들을 고향으로 데려가라는 부르심을 받았다.

이스라엘의 소명을 위해 기도하라

지은이 짐 골
펴낸이 김혜자
옮긴이 권지영

1판 1쇄 인쇄 2009년 11월 16일 | **1판 1쇄 펴냄** 2009년 11월 19일

등록번호 제16-2825호 | **등록일자** 2002년 10월
발행처 쉐키나 출판사 | **주소** 서울시 강남구 대치3동 982-10
전화 (02) 3452-0442 | **팩스** (02) 3452-4744
www.ydfc.com
www.tofdavid.com

값 11,000원
ISBN 978-89-92358-37-8 03230

Shekinah

쉐키나 출판 도서 안내

서울시 강남구 대치 2동 982-10 쉐키나기획

02-3452 0442

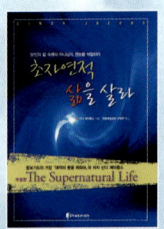

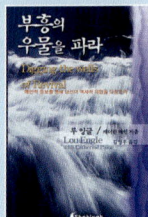

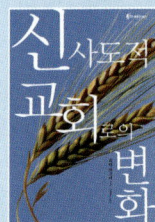

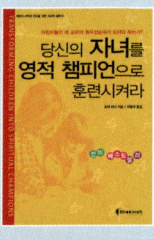

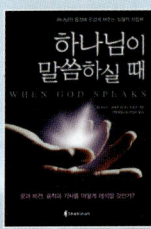

당신을 향한 하나님의 지금 이 시간

척 피어스 & 레베카 와그너 공저 | 권지영 옮김 | 224면 | 값 9,000원

하나님께서 당신을 어머니의 태 속에 만드셨을 때 그분은 당신의 삶을 위한 분명한 목적과 시간을 가지고 계셨다. 하나님은 모든 사람들의 인생을 위해 놀라운 소명을 가지고 계시지만 많은 그리스도인들은 하나님이 그들을 위해 가지고 계신 모든 것을 다 깨닫지도 못한 채 죽음을 맞이한다. 그 이유는 무엇인가? 이 책을 통해 당신의 잠재적인 가능성에 도달할 수 있는 역동적이고 생명을 주는 해답을 찾게 될 것이다.

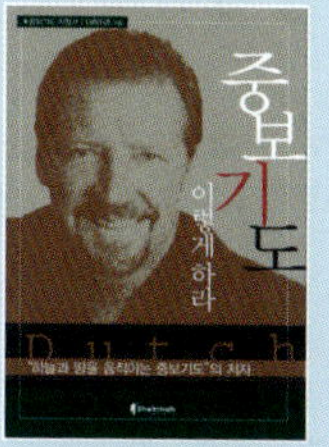

중보기도 이렇게 하라

더치 쉬츠 지음 | 고병헌 옮김 | 212면 | 값 9,800원

중보기도는 어떤 것인가? 쉬운 것 같으면서도 어려운 중보기도. 과연 중보기도는 어떤 것이며 어떻게 시작해 나가야 하는 것인지를 상세하게 표현해 주고 있다. 중보기도의 첫 시작은 하나님과의 관계에 있다. 우리는 하나님과의 사랑의 관계에 초대되었다. 우리가 기도하는 동기는 관계, 즉 하나님과의 소통에 있어야만 한다. 예수님과의 순수하고 명료한 관계 안에서 시작하는 것이 중보기도의 우선순위이다. 중보에는 만남이 있으며 위험으로부터 보호하는 능력이 있으며, 인내하는 아픔과 적을 향한 공격과 선포가 있으며 또한 기쁨이 있다.

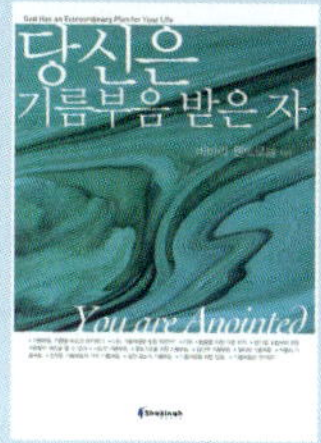

당신은 기름부음 받은 자

바바라 웬트로블 지음 | 권지영 옮김 | 248면 | 값 9,800원

많은 믿는 자들이 기름부음에 대해 이야기하지만 기름부음이 무엇이고 어떻게 작용하는지에 대해서는 거의 이해하지 못한다. 이 책은 그것에 대해 다룬 실질적인 지침서이다. 하나님께서는 어떤 목적을 위해 모든 그리스도인들에게 기름부음을 주셨다. 당신의 기름부음은 무엇인가? 어떻게 기름부음을 나타낼 수 있는가? 당신이 기름부음으로 움직이기 시작할 때 어떤 일이 일어나는가?

이 책을 통해 당신의 삶을 향한 하나님의 특별한 목적이 무엇인지 찾으라! 당신이 성공할 수 있도록 하나님께서 어떻게 준비시켜 주셨는지 알아보라!

축복된 삶

로버트 모리스 지음 | 김영우 옮김 | 272면 | 값 11,000원

축복을 받는다는 것은 초자연적 능력이 당신을 위해 역사한다는 뜻이다. 축복을 받은 사람의 하루 하루는 하나님이 허락하신 우연과 하늘에 속한 의미 있는 일들로 가득 차 있다. 하나님은 당신이 드리는 것을 필요로 하시는 분이 아니다 다만 당신이 축복을 받아야 할 필요가 있다. 드림으로써 받는 축복이 얼마나 대단한 것인지, 그리고 청지기로서의 삶이 어떠한 모습인지 볼 수 있을 것이다. 하나님과의 바른 관계를 먼저 세움으로써 나누어 주고, 드리는 풍성한 삶, 넉넉한 삶으로 나아가는 길을 제시해 준다. 당신은 곧 축복된 삶을 사는 방법을 발견하게 될 것이다.

하나님을 들으라

짐 골 지음 | 권지영 옮김 | 190면 | 값 10,000원

우리 모두는 하나님의 음성을 들을 수 있고 하나님께 말할 수 있다! 개인적으로 하나님의 음성을 듣지 못하도록 막고 있는 장애물을 극복하는 법을 알려 주고, 하나님으로부터 오지 않은 말씀으로 인해 잘못된 길로 빠지지 않도록 피할 수 있는 방법을 가르쳐 준다. 귀를 열어 주고 마음을 열어 주는 짐 골 목사의 책은 쉬운 문체와 함께 자기 자신의 여정에서 겪은 재미있는 이야기들로 우리를 하나님의 마음에 더 가까워지도록 인도해 주는 원리를 매우 쉽고 분명하게 설명해 준다.

Shekinah

긍휼의 리더십

테드 엥스토롬 & 폴 세더 지음 | 메리앤 이 | 208면 | 값 9,800원

'너희 중에 누구든지 으뜸이 되고자 하는 자는 너희 종이 되어야 하리라'
이 책은 긍휼의 종으로서 사람을 인도하신 예수님을 따르려는 모든 기독교 지도자들에게 큰 도전이 되는 내용을 담고 있다. "너희 중에 누구든지 으뜸이 되고자 하는 자는 너희 종이 되어야 하리라." 이 말씀으로 예수님은 긍휼의 리더십의 본을 보여 주신다. 현대에 사는 우리가 이 말씀을 마음에 새긴다면, 리더십 스타일이나 모델, 방법에 대한 우리의 생각이 바뀌게 될 것이다.

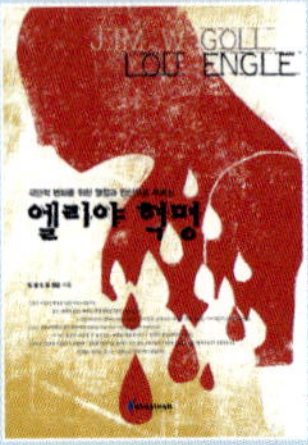

엘리야 혁명

짐 골 & 루 엥글 지음 | 권지영 옮김 | 256면 | 값 12,000원

오늘날 전 세계에서는 역사상 유례가 없던 새로운 차원의 거룩한 혁명이 진행되고 있다. 끊임없는 영적 도덕적 타락에 직면한 수천의 믿는 자들이 그리스도께 완전하고 극단적으로 자신을 내어드리는 거룩한 삶으로의 부르심에 반응하고 있다. 그들은 하나님을 향한 불타는 열정을 가지고, 점점 세속화되는 문화의 가치들과 삶의 방식을 타협하기를 거부하며 그리스도의 편에 서서 단호하게 맞서고 있다.
이 책은 이전과는 다른 극단적인 거룩함과 그리스도를 향한 헌신의 삶으로 당신을 도전케 할 것이다.

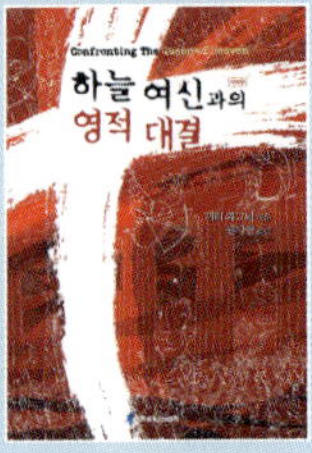

하늘 여신과의 영적 대결

피터 와그너 지음 | 권지영 옮김 | 79면 | 값 4,800원

사탄의 위계에서 높은 서열을 차지하고 있는 정사는 오랜 세월 동안 수많은 잃어버린 영혼들의 눈을 가리워 왔다. 이 책에서 피터 와그너 박사는 하늘 여신이 과거에 자신의 목적을 어떻게 이루어 왔는지 그리고 오늘날 어떻게 자기 자신을 드러내고 있는지를 살펴보고 있다. 하나님은 우리에게 하늘 여신과 대결하라는 명령을 주셨다. 이 작은 책은 처음에 이 명령을 어떻게 받게 되었는지 그리고 하나님께서는 그분의 군대가 어떻게 전쟁으로 들어가기를 기대하고 계시는지를 보여 준다.

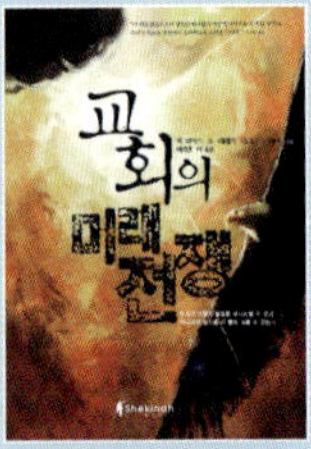

교회의 미래전쟁

척 피어스 & 레베카 와그너 시세마 지음 | 메리앤 이 옮김 | 432면 | 값 14,000원

앞으로 교회가 충돌하게 될 미래의 상황을 예언하는 책이다. 그러나 이것은 단순한 예언서가 아니다. 이 책은 우리가 보고 있는 교회의 통치 질서의 변화와 마틴 루터나 존 캘빈 시대에 경험했던 것보다 더 엄청난 권세에 대해 계시해 주고 있다. 저자는 하나님의 군대가 교회의 미래전쟁에서 어떻게 하면 승리로 나아갈 수 있는지를 보여 주며, 실질적인 전략지침을 우리에게 주고 있다. 우리에게 경종을 울려 줄 뿐만 아니라 어떻게 하면 원수를 이길 수 있는지에 대한 구체적인 방법까지 제시하고 있다.

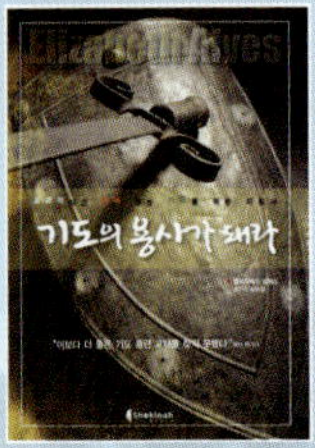

기도의 용사가 돼라

엘리자베스 알베스 지음 | 김주성 옮김 | 304면 | 값 11,000원

기도가 우리의 삶에 큰 비중을 차지하고 있음을 우리 모두는 잘 알고 있다. 그러나 소수의 사람들만이 기도에 숙련되어 있다고 느낀다. 우리는 열정적이고 능력 있는 기도를 어떻게 해야 하는지에 대한 실제적이면서도 명확한 지침서로부터 유익을 얻고자 한다. 중보기도를 시작하는 사람에서부터 능숙한 중보기도자에 이르기까지 모든 사람들에게,
이 책은 기도의 본질적이고 능력 있는 온전한 지침서가 될 것이다.

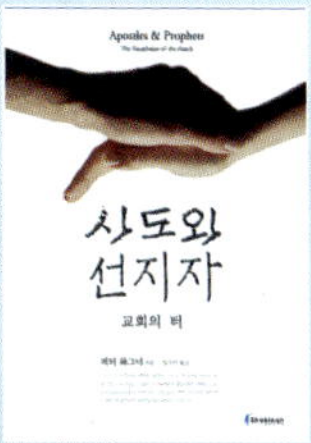

사도와 선지자

피터 와그너 지음 | 임수산 옮김 | 224면 | 값 11,000원

예수님께서는 자기 자신을 교회의 모퉁이돌로 나타내셨다. 그분은 직접 자신의 교회를 세우셨고, 지금도 세우고 계시되 성령의 능력을 받은 자들인 사도와 선지자들을 통해 그 일을 하고 계신다.
〈교회의 지각변동〉을 저술했으며 동시에 신 사도적 개혁을 이끌고 있는 저자는 교회 안의 중대한 역할로 사람들이 어떻게 부름받게 되는지에 대한 새로운 통찰력을 제공하고 있다.

오늘날의 사도

피터 와그너 지음 | 박선규 옮김 | 240면 | 값 11,000원

사도적 영역에서 우리 세대의 가장 위대한 권위자라 할 수 있는 피터 와그너는 이 주제들에 관하여 수년 동안 글을 써왔다. 〈오늘날의 사도〉는 1990년대에 시작해 지금까지 지속되고 있는 신 사도적 개혁의 진보에 대해 조명해 준다. 하나님의 뜻이 이 땅에 이루어지는 것을 볼 수 있기 위해, 사도들에게 하나님과의 관계 속에서 올바른 위치를 차지하라고 외치고 있다. 건강한 교회들과 일터와 도시와 각 나라들에서 사도의 역할이 무엇인지에 대해 신선한 비전을 제시해 준다.

하나님과의 조우

체 안 & 린다 M 래드포드 지음 | 김현경 옮김 | 288면 | 값 13,000원 | 포켓판 | 352면 | 값 9,500원

당신은 무언가를 더 원하고 있는가? 인생에서 더 얻고자 하는 것이 있는가? 교회에 대해 더 바라는 바가 있는가? 아직 채워지지 않은 공허감을 충족하길 원하는가? 〈하나님과의 조우〉는 종교적인 책이 아니다. 당신의 삶을 변화시킬 진정한 만남을 소개하는 책이다. 당신이 인생에서 진리와 의미를 찾기 원한다면 그리고 인생의 목적을 찾기 원한다면 이 책을 읽어 보라. 초자연적 실존이신 하나님을 만나게 될 것이다. 현실 보다 더 현실적인 세계에 온 것을 환영한다.

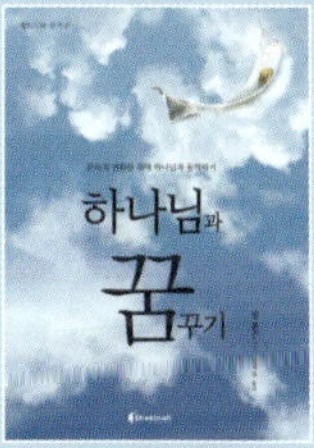

하나님과 꿈꾸기

빌 존슨 지음 | 조앤 윤 옮김 | 264면 | 값 13,000원

이 책의 저자 빌 존슨은 당신의 가정과 사회, 직장 혹은 사업, 나라와 세계를 변혁시키시기 위해 필요한 모든 것에 제한이 없는 하나님의 공급함을 사용하는 비밀을 보여 준다. 당신의 세계에는 당신의 특별한 터치를 필요로 하는 곳이 있다
● 당신의 자녀의 학교교실, 당신의 직장동료, 당신의 이웃의 마음. 당신의 세계에는 당신이 영감을 필요로 하는 사람들이 있다. ● 당신이 사는 지역의 가난한 사람들, 당신이 사는 지역의 정치가, 당신의 국가 지도자들.
하나님께서는 당신에게 더 나은 세상을 창조할 수 있는 백지수표를 주셨다.

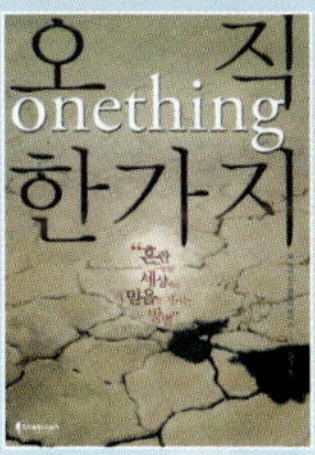

오직 한 가지

척 피어스 & 파멜라 피어스 지음 | 김현경 옮김 | 248면 | 값 12,000원

불확실한 미래를 바라보며 엘리야는 예수님과 같은 행동을 취했다. 그는 잠잠하고 조용한 가운데 하나님의 음성을 들을 수 있었다. 〈오직 한 가지〉는 주님의 음성을 듣기 위해 잠잠한 가운데 머물 수 있도록 매 순간 우리의 영혼을 소성케 할 것이다. 믿음의 도전과 삶의 실질적인 원리들로 가득한 이 책은 당신에게 새로운 힘을 불어 넣어 하나님께서 특별하게 계획하신 사명을 완수하기 위해 세상 속으로 힘차게 걸어 들어갈 수 있도록 격려할 것이다. 잠잠히 들어 보라. 지금 주님께서 말씀하고 계시지 않은가?

Shekinah

영적 전쟁 이렇게 하라

닐 앤더슨 & 티모시 워너 지음 | 진희경 옮김 | 232면 | 값 10,000원

모든 영적 전쟁은 우리의 생각 속에서 일어난다. 우리가 믿는 것이 승리를 취하는 단계를 좌우한다. 새신자든지 오랫동안 크리스천으로 살아 왔든지 간에 대적의 능력에 맞서 매일매일 더 큰 승리의 자리로 나아가야 한다. 영적 전쟁의 기초 훈련에 있어서 탁월한 매뉴얼이다.
다음 단계의 전투로 나아가기 전에 꼭 읽어야 한다.

성령을 이렇게 받으라

퀸 셰러 & 루산 갈록 지음 | 장택수 옮김 | 224면 | 값 10,000원

나는 성령으로 충만한가? 성령이 없다면 예수님이 약속하신 풍성한 삶을 살아갈 수 없다. 이 책은 당신의 신앙생활을 더욱 풍성하게 하는 첫걸음이 될 것이다.
성령을 어떻게 경험할 수 있을까? 방언은 반드시 해야 하는가? 도대체 성령은 누구인가? 퀸 셰러와 루산 갈록은 성경과 경험담과 역사적 배경을 근거로 우리가 성령 받기를 바라시는 하나님의 갈망을 설명한다. 그리고 영적인 활력을 유지하는 실제적인 조언도 전한다.

열방을 치유하라

존 로렌 샌포드 지음 | 임종원 옮김 | 416면 | 값 14,000원

어떻게 상처 입은 세상에 희망과 치유를 가져올 수 있는가?
베스트셀러 저자 존 로렌 샌포드는 하나님의 사람들이 가정, 지역사회(공동체), 나라, 세계에서 커다란 차이를 만들어낼 수 있다고 믿는다. 어떻게 그렇게 할 수 있겠는가? 샌포드는 기꺼이 자기 자신의 문제를 뛰어넘어 상처 입은 사람들을 끌어안으려는 성숙한 하나님의 아들과 딸들이 필요하다고 말한다. 우리는 모두 학대, 민족에 대한 증오심, 또한 인종 청소의 고통을 비롯한 온갖 상처를 치유하기 위해 하나님께서 사용하시는, 기꺼이 서로 짐을 나누어 지는 중보기도자가 될 수 있다.

하나님의 현저한 임재

단 노리 지음 | 고병현 옮김 | 224면 | 값 10,000원

하나님의 현저한 임재는 :
● 하나님과 영원히 친밀함을 누리는 것이다. ● 다가올 폭풍우로부터의 피난처다. ● 하나님의 만지심을 받는 진정한 예배다. ● 솔로몬의 성전에 계시된 하나님의 충만함이다. ● 매일 지속적인 기적을 체험하는 것이다.
우리가 하나님의 충만함을 누리고 다가올 환난 날들 가운데 보호를 받으려면 그 임재가 필요하다. 여기 그 임재 안으로 들어갈 수 있는 방법들이 있다.

스미스 위글스워즈의 기도, 능력 그리고 기적들

로버트 리아돈 엮음 | 고병현 옮김 | 352면 | 값 13,000원

이 책은 전 세계적인 복음 사역자이자 치유사역자로 알려진, 스미스 위글스워즈의 강력한 설교들을 모은 책이다. 1915년에서부터 1944년까지 있었던, 믿음에 근거한 도전적인 설교들과 놀라운 치유사역에 대한 영감 있는 이야기들을 상세히 저술한 것이다. 그 결과 스미스 위글스워즈의 가르침, 성령의 권능 안에서 흔들림 없는 그의 믿음을 통한 복음, 또 그 복음에 대한 생생한 사랑을 표현하는 것 등의 고전 모음집이 탄생하게 되었다.

축사와 치유 1

피터 호로빈 지음 | 박선규 옮김 | 408면 | 값 14,000원

제자들에게 귀신을 쫓아내라고 하신 예수님의 분부가 지상명령의 중대한 부분이었는가? 그렇다면, 교회는 왜 치유와 축사에 대해 거의 가르치지 않고 있는가? 깊은 성경적 가르침을 통해 축사 사역이 지상명령의 필수적인 부분이었다는 것을 효과적으로 실증해 보인다 1권은 축사와 치유 사역을 위한 성경적 토대를 깔아 준다. 호로빈은 예수님과 초대교회 사역을 상세히 분석하며, 천사와 귀신들의 초자연적인 영역을 살펴보고, 또한 어둠의 세력들이 어떻게 사람들의 삶에 영향을 미치는지를 탐구한다.

축사와 치유 2

피터 호로빈 지음 | 박선규 옮김 | 472면 | 값 14,000원

예수님은 모든 형태의 치유를 행하셨고, 십자가를 통해 교회가 그분이 행하셨던 치유와 축사 사역을 이어나갈 수 있게 해놓으셨다. 피터 호로빈은 예수님의 시대뿐만 아니라 오늘날에도 지상명령을 성취하기 위해 절대적으로 필요한 사역이라는 것을 확증해 주고 있다. 2권은 지역교회 안에서와 상담 사역 안에서 치유와 축사 사역을 세워 나가기 위한 지침들과 도구들을 제공해 준다. 호로빈은 권위 있고 성경에 기초한 이 안내서를 통해 귀신들의 통로들을 밝히며, 사람들이 어떻게 귀신들에 의해 영향을 입고 그들이 어떻게 자유롭게 될 수 있는지에 대해 설명하고 있다.

새로운 교회의 모델 가정교회란?

래리 크라이더 · 플로이드 맥클렁 공저 | 유정자 옮김 | 296면 | 값 11,000원

교회를 개척하는 새로운 방식이 있다. 성장하고 있는 가정교회 배가 운동이 전통적인 교회들을 통해서는 할 수 없는 방식으로 공동체와 단순성을 제공해 주면서 그들의 공동체의 필요들을 채워 주기 위해서 모든 지역에 있는 기독교인들에게 소망을 주고 있다.

● 직접 가정교회를 개척하는 방법 ● 가정교회를 개척하고 인도하는 이를 위한 실제적 최고의 모델들 ● 소그룹과 셀그룹과 가정교회의 차이점 ● 현재와 미래의 가정교회 배가 운동의 동향 ● 전통적인 지역교회가 대형교회와 동역하는 방법

하나님과 함께 여는 하루❶❷

오스 힐만 지음 | 김현경 옮김 | 1권 404면, 2권 344면 | 각권 값 11,000원

하루를 시작할 때 하나님을 가장 먼저 만나야 한다는 사실에 이의를 제기할 사람은 아무도 없을 것이다. 하지만 이러한 인식이 단 몇 분이라도 현실로 나타날 수 있을까? 우리 인생에서 하나님을 항상 우선 순위에 두는 것은 쉽지 않아 보인다. 우리의 일터에서 하나님을 찾을 수 있는가? 오스 힐만은 이러한 상황과 필요에 정확히 읽고 이 글을 집필했다. 그는 하나님의 관점으로 삶과 일을 바라볼 수 있는 눈을 제시한다. 그리고 우리의 믿음과 용기를 고무시켜 하나님을 바라보는 것뿐만 아니라 매일의 삶 속에서 겪는 시험과 고민들 가운데 하나님을 초청하고 있다.

예언의 비밀

킴 클레멘트 지음 | 김현경 옮김 | 312면 | 값 13,000원

킴 클레멘트의 개인적인 삶과 예언 사역으로 부르심을 받은 이야기는 놀라움으로 가득하다. 하나님의 분명하고도 확실한 음성을 들으려 하는 모든 이들에게 필요한 비밀 같은 이야기이다. 침례를 받던 당시 물에서 올라 오면서 새로운 사람이 된 킴을 하나님은 전임 사역자로 부르셨다. 그 날 이후로 하나님은 예언의 은사를 어떻게 사용해야 하는지 가르치기 시작하셨다.

이 책에서 다루는 예언의 영역 안에 있는 실제적인 진리들은 선지자라 불리는 한 사람을 통해 발견될 것이다.

긍휼

짐 W. & 미갈 앤 골 지음 | 홍경주 옮김 | 304면 | 값 13,000원

예수님은 행하신 모든 일들과 만지신 모든 사람들을 통해 긍휼을 드러내셨다. 예수님은 긍휼로 사셨으며 긍휼로 숨쉬셨다. 그분은 어제도 긍휼이셨고 오늘도 긍휼이시다. 하나님께서 모든 긍휼사역의 근원이시듯 당신은 긍휼의 마음이 하나님의 끝없는 사랑의 그림자임을 알게 될 것이다. 상한 세상 속에서 수백만의 사람들을 섬기며 하나님의 도구로 살았던 아홉 명의 긍휼한 여인들을 통해, 당신은 긍휼의 선구자가 될 수 있는 영감과 격려를 받을 것이다.

역사를 창조하는 기도

더취 쉬츠 & 윌리엄 포드 3세 지음 | 임종원 옮김 | 344면 | 값 13,000원

하나님께서는 과거에 행하셨던 강력하고도 시대를 초월하는 일들에 연결되어 미래를 열어가기 위한 권능을 우리가 부여받을 수 있기를 원하신다. 더취 쉬츠와 윌리엄 포드 3세는 우리가 성경에 나오는 믿음의 조상들을 바라보아야 하는 이유와 하나님께서 그 사람들과 맺었던 언약들을 갱신하시도록 기도해야 하는 이유를 밝히 드러내고 있다. 우리 기도와 우리 조상들의 기도를 결합시킴으로써 나타나는 이와 같은 상승 작용은 우리 자신과 각 나라와 전 세계를 향한 하나님의 궁극적인 목적이 이루어지는 방향으로 훨씬 더 강력하게 나아가도록 우리를 몰아간다.

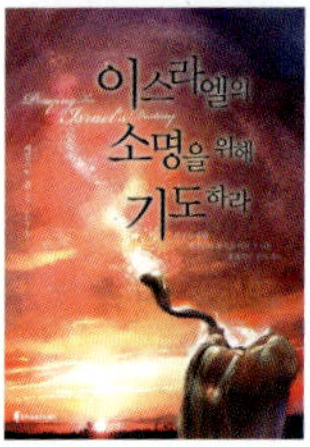

이스라엘의 소명을 위해 기도하라

짐 골 지음 | 권지영 옮김 | 256면 | 값 11,000원

당신의 기도는 하나님의 예언적 일정표에 영향을 준다!
하나님의 예언의 달력에서 이미 페이지는 넘겨졌다. 하나님께서 다시 한 번 시간과 공간의
세계를 넘어 우리에게로 걸어들어 오실 신비의 날이 다가오고 있다.
이 예언의 성취를 위한 열쇠는 무엇인가? 해답은 이스라엘이다.
이스라엘의 소명에 대한 논쟁은 이 땅의 모든 나라들에 영향을 준다.